EL FIN

Por qué Jesús podría volver muy pronto

ED DOBSON

EDITORIAL PORTAVOZ

A la memoria del
Dr. M.R. DeHaan,
cuya predicación pastoral y ministerio profético
me han impactado a pesar de que nunca nos
conocimos personalmente.

Título del original: *The End* © Copyright 1997 por Edward G. Dobson y publicado por Zondervan Publishing House, Grand Rapids, Michigan. EE.UU.

Título en castellano: *El fin*. Publicado en 1999 por Editorial Portavoz, filial de Kregel Publications, Grand Rapids, Michigan 49501, EE.UU. Traducido y publicado con permiso. Todos los derechos reservados. Prohibida su reproducción total o parcial.

Traducción: Santiago Escuain
Diseño gráfico: Nicholas G. Richardson

EDITORIAL PORTAVOZ
Kregel Publications
P. O. Box 2607
Grand Rapids, Michigan 49501-2607

www.portavoz.com

ISBN: 0-8254-1172-6

2 3 4 5 edición/año 03 02 01 00 99

Printed in the United States of America

CONTENIDO

Prefacio

No es un valle particularmente grande. Es un triángulo que mide unos veinticuatro kilómetros (15 millas) por veinticuatro kilómetros por treinta y dos kilómetros (20 millas). Pero toda la población del mundo podría estar en pie en este valle sin que nadie se tocase con nadie. Se llama el valle de Armagedón, y será el lugar de la última batalla de la historia humana.

La vista del valle desde la cumbre del monte Carmelo es espectacular e induce a la meditación. Fue en este monte que Elías derrotó a los profetas de Baal y adonde Dios envió fuego desde el cielo. Y en este mismo lugar se reunirán los ejércitos del mundo con el objetivo de aniquilar al pueblo judío y al Estado de Israel. Será el último intento de Satanás en una larga serie de tentativas para eliminar al pueblo que es «la niña del ojo de Dios».

Los ejércitos invasores serán muy probablemente una coalición de estados árabes islámicos junto con un enorme ejército oriental —quizá chino— de 200 millones de soldados. Inicialmente, Israel estará defendida por una coalición europea occidental, pero en el último momento los europeos traicionarán a Israel. Al avanzar los ejércitos y entrar en el valle de Armagedón, la destrucción de los judíos parecerá inminente.

Y entonces es cuando sucede: ¡el mayor acontecimiento profético desde el nacimiento de Jesús!

Jesús volverá con los ejércitos del cielo para destruir los ejércitos de Satanás y liberar a Israel. En tiempos de Elías, descendió fuego del cielo. En los últimos días, Jesús mismo volverá del cielo. Entonces establecerá su reino durante mil años.

El valle de Armagedón era considerado en el pasado como el centro exacto del mundo antiguo. Europa, Asia y África se encontraban allí. En este valle se han librado más batallas que en ningún otro lugar del mundo. Los judíos, cananeos, madianitas, egipcios, sirios, griegos, babilonios, romanos, árabes, cruzados, turcos y británicos han luchado y muerto aquí. Este suelo está saturado de su sangre. Y al final del mundo será de nuevo el centro de atención, y de nuevo quedará saturado con la sangre de los ejércitos invasores.

Siento una sensación de fascinación al contemplarlo. Abajo en el valle aterrizan reactores y helicópteros israelíes en una base aérea. Detrás de mí, los monjes carmelitas entonan sus himnos y recitan sus rezos. Hay turistas de diferentes naciones que toman sus fotos. Los damanes toman el sol sobre las rocas cercanas a un cacto. Los labradores cultivan sus campos. Las montañas se levantan al cielo en todas direcciones. Pero este valle, que apenas hace un siglo era sólo una ciénaga llena de mosquitos, será el emplazamiento de «la batalla de todas las batallas».

Contemplando todo aquello bajo el caliente sol, me pregunté, *¿Cuán cerca estamos de Armagedón?* Al acercarnos al año 2000, esta pregunta se hace más y más importante para muchas personas. Este libro es un ensayo de respuesta. En ningún otro tiempo desde que Jesús ascendió al cielo se han aglomerado tantos extraordinarios acontecimientos y tendencias, acontecimientos y tendencias que se predicen en la Biblia como rasgos de los tiempos del fin.

¿Cuán cerca estamos? ¡Más cerca de lo que pudieras pensar!

Ed Dobson

En el monte Carmelo
sobre el valle de Armagedón

Capítulo 1

EL FIN DEL MUNDO TAL COMO LO CONOCEMOS

¿Dónde estabas cuando oíste por vez primera acerca de los Beatles? La mayoría de los que crecimos en los años sesenta podemos recordar claramente dónde estábamos y lo que estábamos haciendo. Yo estaba en casa de mis tíos en las afueras de Belfast, Irlanda del Norte. Estaba jugando con mis primos cuando nos llamaron al salón para ver aquel «nuevo» grupo musical que aparecía en la televisión.

¿Dónde estabas tú cuando asesinaron al presidente John Kennedy? Aunque yo no era americano y estaba aún viviendo en mi Irlanda natal, aquel día ha quedado para siempre grabado en mi memoria. Mis padres habían salido a pasar la tarde fuera, y mi tía favorita, Tía May, estaba cuidándonos. Oímos la sorprendente noticia por la BBC. Quedé aturdido.

Para mi generación, la música de los Beatles y el asesinato del presidente Kennedy fueron momentos definitorios. Para mí, hubo todavía otro: La crisis de los misiles cubanos. La crisis comenzó el verano de 1962 con rumores acerca de un aumento de actividad de la Unión Soviética en Cuba, uno de los aliados ideológicos de la URSS. El 29 de agosto, el presidente Kennedy ordenó vuelos periódicos de reconocimiento sobre Cuba para hacer el seguimiento de los embarques de equipamientos militares. El 14 de octubre, un avión U-2 fotografió dos emplazamientos de misiles balísticos de alcance medio en construcción. Desde esos emplazamientos se podía lanzar fácilmente un ataque nuclear sobre Washington D.C., ya que Cuba está sólo a 150 kilómetros (90 millas) de la costa de Florida. En un discurso televisado el 22 de octubre, el presidente Kennedy demandó la retirada de los equipos y personal soviéticos de Cuba, y anunció el bloqueo naval de la isla. Los Estados Unidos y la Unión Soviética estaban ahora frente a frente, y el resto del mundo contuvo la respiración.

Durante el siguiente fin de semana, las dos naciones fueron acercándose al borde de una guerra total. El sábado 27 de octubre fue derribado un avión U-2 sobre Cuba. Otro avión U-2 se extravió sobre el espacio aéreo soviético; los aviones soviéticos se lanzaron a interceptarlo y los aviones de los Estados Unidos se lanzaron a rescatarlo. Mientras tanto, en las Naciones Unidas los funcionarios soviéticos comenzaron a destruir documentos reservados, lo que históricamente es uno de los primeros preparativos para la guerra.

Para el domingo, los soviéticos accedieron a retirarse de Cuba bajo la condición de que los Estados Unidos se comprometieran a no invadir Cuba. La diplomacia triunfó, y el 21 de noviembre se levantó el bloqueo de Cuba.

Recuerdo un cierto día a finales de octubre, en lo más tenso del drama, cuando me dirigí paseando con mis amigos desde el Instituto de Grosvenor hacia una pequeña tienda para comprar un diario durante la hora del almuerzo. Nos sentamos en la acera para mirar el diario. Lo que me llamó la atención fue un diagrama que mostraba blancos potenciales en la mira de los soviéticos en caso de una guerra nuclear. Afortunadamente, Belfast no aparecía como una de las ciudades identificadas por los expertos, pero nos sentíamos inquietos acerca de la radiación nuclear y contaminación que procederían de diversos blancos en Inglaterra. Nos dirigimos de nuevo a la escuela, pero durante el resto del día nuestros pensamientos siguieron dándole vueltas a la posibilidad de la guerra nuclear.

Aquella tarde, mientras volvía a casa en mi bicicleta, me di cuenta por primera vez en mi joven vida de que la civilización estaba sobre una bomba de relojería que podría estallar y destruir gran parte del mundo tal como lo conocemos. Me fui aquella noche a la cama preguntándome si despertaría al día siguiente. Pero los barcos rusos dieron media vuelta. Se evitó la confrontación entre las dos superpotencias. Las cosas volvieron a la normalidad. Yo volví a mis estudios, a jugar al fútbol, a asistir a la iglesia, y a todo lo demás. Pero aquel día todos cambiamos un poco. Nos habíamos visto cara a cara con la posibilidad del fin del mundo, e íbamos a vivir con aquella posibilidad durante el resto de nuestras vidas.

Esos acontecimientos tuvieron lugar hace más de treinta años. Ahora nos acercamos al final de un siglo y al comienzo de un nuevo siglo y de un nuevo milenio. En tanto que la guerra fría ha terminado y que la Unión Soviética ha dejado de existir, el mundo no es más estable que en el otoño de 1962. De hecho, muchos científicos y observadores de la escena mundial están preocupados. Hay más y más señales que sugieren que está en riesgo la supervivencia de nuestro mundo a largo plazo. Según el informe llamado *Reexamen de global 2000: ¿Qué haremos?*, el mundo en

> el siglo 21 estará más superpoblado, más contaminado, menos estable en lo económico y social, y será más susceptible de perturbaciones violentas que el mundo en el que vivimos ahora. En el futuro acechan graves tensiones implicando relaciones interreligiosas, la economía, la población, los recursos, el medio ambiente y la seguridad.[1]

El informe cita los retos de «el SIDA y la tuberculosis, las armas nucleares, químicas y biológicas; la deuda global, las migraciones; la corrupción, el tráfico de drogas, y el cambio tecnológico», y luego concluye que «si los pueblos de la tierra queremos evitar un desastre global dentro del período de vida de nuestros hijos, nuestra tarea más crítica y urgente es introducir una visión transformada del progreso, de desarrollo sostenible y reproducible.»[2] Esta predicción de «desastre global» no surge de ningún grupo extremista ni alarmista. El *Informe global 2000* fue producido por un grupo de científicos de gran reputación que recibió inicialmente este encargo de parte del presidente Jimmy Carter para que considerasen los retos que el mundo afrontaría al entrar en el próximo siglo. Los factores que amenazan a nuestra existencia son innumerables.

LA AMENAZA NUCLEAR

Albert Einstein tenía razón al decir que «el poder desencadenado del átomo lo ha cambiado todo excepto nuestra manera de pensar, y por ello vamos a la deriva hacia un cataclismo sin paralelos.»[3] El 29 de octubre de 1939 se reunieron ocho hombres en Washington D.C. para considerar si el gobierno de los Estados Unidos debía intentar «adquirir el poder de destruir ciudades enteras, incluso naciones enteras, de un solo golpe».[4] Aquella ominosa reunión llevó a su tiempo a Hiroshima y a la edad de las armas nucleares.

Hiroshima es un microcosmos de lo que podría llegar a suceder. La bomba lanzada sobre Hiroshima estalló a las 8:15 A.M. del 6 de agosto de 1945. Tenía una longitud de tres metros y pesaba casi 4,5 toneladas. Todos los que estaban dentro de un radio de 500 metros de la explosión murieron. En el espacio de dos kilómetros (1,25 millas) murieron más del 60 por ciento. Murió el 40 por ciento de la población total de la ciudad. La explosión precipitó ondas de choque con vientos de fuerza huracanada. Saltaron bolas de fuego de 400 metros de diámetro, y la temperatura a nivel del suelo ascendió a 5.000 grados centígrados. Se desencadenaron violentas tempestades de fuego. De los 76.000 edificios en la ciudad, 51.000 quedaron totalmente destruidos. La radiación despedida provocó náuseas, vómitos y fiebre. Muchos murieron en el espacio de 10 días debido a las radiaciones, y muchos otros padecieron los efectos a largo plazo de cáncer y anormalidades del desarrollo.[5] Esta bomba había sido irónicamente designada como «Little Boy» («Muchachito»). Según los científicos, el actual arsenal nuclear mundial tiene «el poder explosivo de un millón de bombas de Hiroshima».[6]

Es evidente que las armas nucleares tienen el potencial de borrar nuestra civilización tal como la conocemos. No es para maravillarse que una hecatombe nuclear, si fuera a ocurrir, sería «la acción humana para acabar con todas las acciones humanas».[7]

En base de su estudio de Hiroshima, los científicos tienen una comprensión razonable de cómo sería una guerra nuclear. En base de las condiciones presentes a inicios de la década de 1980, si tuviera lugar una guerra nuclear total, lo que se relaciona a continuación sería lo más probable:

1. *El coste humano*
   750 millones de personas muertas (la mitad de la población de las ciudades objetivos de ataque)
   340 millones gravemente heridos
   20 por ciento de los supervivientes urbanos incapacitados
   33 por ciento de los supervivientes urbanos bajo una profunda ansiedad

2. *El coste ambiental*
   Contaminación del agua
   Contaminación por radiación
   Lluvia con un elevado contenido en elementos tóxicos

Fuegos incontrolables
Materia pulverizada en suspensión en la atmósfera que ocultaría el sol
Incapacidad de cultivar alimentos[8]

De este modo, una guerra nuclear no sólo daría muerte a más de la mitad de la actual población, sino que también haría inestable el medio para el sustento de los supervivientes. Todo cambiaría para siempre. ¿Qué es lo que ha impedido una catástrofe así? Sólo las decisiones responsables de aquellas personas que controlan las armas nucleares. Pero, ¿podemos esperar que en el futuro serán personas responsables las que controlen esas armas? No, no a la vista del creciente terrorismo a escala mundial y de la disgregación de la Unión Soviética en naciones independientes, algunas de las cuales en la actualidad poseen armas nucleares. Puede que sea sólo cuestión de tiempo antes de que algún terrorista o nacionalista fanático decida emplear armas nucleares para dar impulso a su causa. Podría ser alguien de Irán o de Irak. Podría tratarse de un matemático graduado en la universidad de Harvard que en lugar de un paquete bomba monte una bomba nuclear. Tenemos más que temer de un terrorista nuclear que del «Unabomber» que enviaba paquetes postales explosivos durante la última década en los EE.UU.

¿A CUÁNTO ESTAMOS DEL DESASTRE NUCLEAR?

El *Boletín de los Científicos Atómicos* mantiene un reloj del fin del mundo. Las manecillas se sitúan para indicar la probabilidad mayor o menor de aniquilación nuclear, dependiendo de la situación internacional del momento. Cuando el reloj fue introducido en 1947, mostraba que faltaban siete minutos para la medianoche. En 1953 se pusieron las manecillas a dos minutos para la medianoche cuando los Estados Unidos hicieron una prueba con una bomba de hidrógeno. En 1963, el reloj retrocedió a doce minutos antes de la medianoche cuando los Estados Unidos y la Unión Soviética firmaron un tratado que limitaba las pruebas de armas nucleares: el «tratado de prohibición parcial de pruebas». En 1984 volvió a adelantarse hasta cuatro minutos antes de medianoche, al desarrollar ambas superpotencias más capacidades nucleares. En 1991, el reloj retrocedió a diecisiete minutos antes de medianoche con la firma del Tratado de Reducción de Armas Estratégicas (START). El reloj fue vuelto a ajustar por última vez el 8 de diciembre de 1995, cuando fue adelantado a catorce minutos antes de medianoche. Se dieron las siguientes razones para este adelanto del reloj:

* Cuatro años después de la firma de START, los Estados Unidos y Rusia poseen colectivamente más de 35.000 armas nucleares, estratégicas y tácticas.
* No hay en desarrollo nuevos tratados de reducción de armamento. La aplicación de START II y el futuro del Tratado de Misiles Antibalísticos están en duda.
* El gobierno de los Estados Unidos habla de «cualificar» sus esperanzas ante una Rusia que resurge, porque, al no haber conseguido integrar a Rusia en la comunidad de naciones democráticas, teme que esté emergiendo una relación antagonista.
* En la misma Rusia, los nacionalistas están resistiéndose más y más a la reducción de las armas nucleares como cuestión de dignidad nacional.
* Más allá de las fronteras de los Estados Unidos y de Rusia, unos pocos estados codician secretamente la posesión de armas nucleares. Hay un verdadero peligro de que los grupos terroristas puedan obtener armas nucleares. Hay almacenadas más de mil toneladas de uranio y plutonio de grado nuclear, suficiente para hacer decenas de miles de bombas, y la mayor parte de esta cantidad está guardada bajo condiciones inadecuadas de seguridad.
* Los esfuerzos por eliminar las armas químicas y biológicas no han sido ratificados por los Estados Unidos ni por Rusia.

El mundo está a unos momentos del desastre nuclear y la situación está empeorando, no mejorando.

LAS BOMBAS NUCLEARES Y LA BIBLIA

Pero el día del Señor vendrá como ladrón en la noche; en el cual los cielos pasarán con grande estruendo, y los elementos ardiendo serán deshechos, y la tierra y las obras que en ella hay serán quemadas.

2 Pedro 3:10

La Biblia tiene mucho que decir tocante al fin del mundo, y algunas de sus predicciones tienen unas increíbles similitudes con el escenario descrito para una hecatombe nuclear. San Pedro predice que en los últimos tiempos el mundo será destruido por fuego y que se dará entrada a nuevos cielos y a una nueva tierra (2 Pedro 3:3-13). Y él identifica tres características principales de estos acontecimientos cataclísmicos.

1. *Estallido en los cielos*
   «Los cielos pasarán con grande estruendo» (v. 10). La bomba lanzada sobre Hiroshima no estalló sobre el suelo. Estalló a 510 metros por encima del centro de la ciudad.
2. *Las cosas que se funden con el calor*
   «Los elementos ardiendo serán deshechos» (v. 12). En una explosión nuclear, una tercera parte de la energía total se disipa en calor. En Hiroshima, esto creó bolas de fuego de 400 metros de diámetro.
3. *La destrucción de la tierra*
   «La tierra y las obras que en ella hay serán quemadas» (v. 10). Como resultado de una hecatombe nuclear, los bosques y praderas, y los ríos, quedarían quemados y destruidos.

El libro de Apocalipsis predice unos acontecimientos similares para el fin del mundo. En el capítulo 8 se introducen cuatro ángeles que tocan trompetas que señalan un juicio en marcha sobre el planeta Tierra.

Primero, esos juicios caen del cielo. Se describen como sigue (vv. 6-10):

> «Granizo y fuego mezclados con sangre ... lanzados sobre la tierra.»
> «Como una gran montaña ardiendo en fuego fue precipitada en el mar.»
> «Cayó del cielo una gran estrella, ardiendo como una antorcha.»

Recordemos, esas descripciones fueron escritas hace casi dos mil años, pero podrían usarse en la actualidad para describir la caída de bombas nucleares. ¿Puedes imaginarte a personas entrevistadas por la CNN con posterioridad a una explosión nuclear?

> «Era como bolas de pedrisco de fuego precipitándose desde el cielo.»

«Estaba en la playa, y en el horizonte parecía como una montaña golpeando el mar. Fuego en todas partes.»

«Primero creí que era una estrella fugaz, pero las estrellas fugaces no golpean la tierra como lo hizo esa.»

Segundo, esos juicios traen una destrucción general sobre la tierra (vv. 6-10):

- Una tercera parte de la tierra quemada
- Una tercera parte de los árboles quemados
- Toda la hierba verde quemada
- Un tercio del mar convertido en sangre
- Un tercio de las criaturas marinas muertas
- Un tercio de las aguas, ríos y mares, contaminadas

Todo eso es similar a las consecuencias de una hecatombe nuclear.

Hasta el sistema solar sentiría los efectos. «… no hubiese luz en la tercera parte del día, y asimismo de la noche.» El mundo se volvió oscuro. Los científicos lo llaman «crepúsculo al mediodía»: la acumulación de materia en partículas oscuras que absorben y reflejan la luz. Este fenómeno da como resultado el oscurecimiento de la luz del sol.[9]

De modo que el mundo, en una hecatombe nuclear, quedaría quemado, carbonizado, contaminado, envenenado y tenebroso: exactamente lo que se predice en la Biblia.

MÁS ALLÁ DE LA BOMBA

La aniquilación nuclear es desde luego la amenaza más urgente por lo que respecta al fin del mundo, pero no es la única. Más allá de la bomba, muchos otros factores hacen que los científicos se cuestionen la supervivencia del mundo tal como lo conocemos.

1. *Explosión demográfica junto con una reducida producción de alimentos*

Cada año la población del mundo aumenta en más de 90 millones de personas. Hace setenta años, el ritmo era de 15 millones por año. No podremos alimentar esta creciente población mundial de manera indefinida. Según un informe del Millennium Institute del 28 de junio de 1996, había entonces 5.770.840.831 habitantes en el mundo. Dado el actual ritmo de crecimiento demográfico, pronto quedaremos sin tierra suficiente para cultivar los alimentos necesarios. Si la gente se alimenta de una dieta «septentrional» (como en los Estados Unidos, Canadá y Europa), «la humanidad se quedará sin suficiente tierra disponible para cultivar alimentos para todos en el lapso de nueve años. Esto, suponiendo que toda la tierra potencialmente disponible está en uso y no se pone tierra aparte para la conservación de las especies, de las tierras vírgenes, etc.»[10] Si se calcula la tierra disponible con el uso actual, el mundo «pasó el punto en que podía alimentar a todos con una dieta "septentrional" ya en el año 1987.»[11]

Con esos limitados recursos, se está preparando el escenario para un conflicto entre los ricos y los pobres, así como para hambres de proporciones globales. El hambre no quedaría ya más limitada a las costas de Somalia o a los campos de refugiados del Sudán. El libro de Apocalipsis predice un hambre mundial al acercarnos al fin del mundo.

> Cuando [el Cordero] abrió el tercer sello, oí al tercer ser viviente, que decía: Ven y mira. Y miré, y he aquí un caballo negro; y el que lo montaba tenía una balanza en la mano. Y oí una voz de en medio de los cuatro seres vivientes, que decía: Dos libras de trigo por un denario, y seis libras de cebada por un denario; pero no dañes el aceite ni el vino.
>
> *Apocalipsis 6:5-6*

2. *Enfermedades*

Durante varios años he servido con el Consejo Mundial de las Iglesias para hacer frente a la pandemia de VIH/SIDA. He trabajado con pequeños grupos de cristianos por todo el mundo para forjar un documento que sirviera de ayuda para hacer frente a este problema global. Recuerdo el tiempo que pasé en Ginebra con funcionarios de la Organización Mundial de la Salud (OMS) y oí a personas procedentes de muchas naciones. La magnitud del problema del VIH/SIDA es abrumador. La OMS estimó que para mediados de 1994 más de 4 millones de personas por todo el mundo estaban infectadas con el virus VIH, con un 60 por ciento de los casos en el África subsahariana. El setenta por ciento de las infecciones procedía de contactos heterosexuales. Se estima que para el año 2000 habrá más de 40 millones de personas infectadas.[12]

El VIH/SIDA puede ser un heraldo de futuros conflictos a nivel mundial con otras enfermedades y afecciones. Los médicos en el mundo occidental se sienten preocupados ante el hecho de que los virus comunes están volviéndose resistentes a los antibióticos tradicionales. La amenaza de una enfermedad fatal para los humanos pero esparcida por vacas envió ondas de choque por toda Europa a mediados de la década de los noventa. En un mundo con avanzados conocimientos médicos y con una investigación en marcha para curaciones por medios farmacológicos, las enfermedades siguen causando estragos por todo el mundo. El libro de Apocalipsis predice esos desafíos según vamos acercándonos al final de esta era.

> Cuando abrió el cuarto selo, oí la voz del cuarto ser viviente, que decía: Ven y mira. Miré, y he aquí un caballo amarillo, y el que lo montaba tenía por nombre Muerte, y el Hades le seguía; y le fue dada potestad sobre la cuarta parte de la tierra, para matar con espada, con hambre, con mortandad, y con las fieras de la tierra.
>
> *Apocalipsis 6:7-8*

Ahora bien, ¿te puedes imaginar lo que sucedería si una nación lanzase siquiera una pequeña cabeza balística biológica? En 1960, el director del Cuerpo Químico del Ejército de los EE.UU. dijo que un enemigo «podría matar o incapacitar gravemente el 30 por ciento de la población americana —alrededor de sesenta millones de personas— lanzando un ataque de guerra biológica con sólo diez aviones».[13]

3. *Envenenamiento del medio y mal uso de los recursos naturales*
¿Nos hemos olvidado del accidente nuclear en Chernobyl en Ucrania en el 1986? Los científicos estiman que el desastre podría dar como resultado 10.000 muertes por cáncer. ¿Hemos olvidado la fuga de gas tóxico en Bhopal, India, en 1984? Más de 2.500 personas murieron y 150.000 quedaron afectadas. Los desastres ambientales prosiguen. Consideremos los siguientes datos aportados en *Racing Toward 2001* [Lanzados hacia el 2001]:

- Se han detectado más de 700 productos químicos en el agua potable de los Estados Unidos.
- Alrededor de 20 mil millones de toneladas de desperdicios se acumulan en los mares cada año.

- La destrucción de los bosques ha provocado extensas inundaciones y pérdida de la capa superior del suelo, ha contribuido al calentamiento global y ha acelerado la extinción de las plantas y de los animales.
- Cada habitante de los EE.UU. genera una media de casi una tonelada de basura cada año.[14]

El Millennium Institute predice los siguientes retos ambientales:[15]

- Extinción de especies por día — 104
- Años hasta que se pierda un tercio de especies — 10
- Años hasta la desaparición de la mitad del crudo — 4
- Años hasta que se doble el dióxido de carbono — 61

Así, ¿qué es lo que nos depara el futuro? Recordemos que aquí no estamos citando de la Biblia, sino a científicos actuales: agua envenenada para beber, la extinción de numerosas especies, calentamiento global, agotamiento de los recursos naturales, destrucción de bosques, contaminación de lagos y ríos y océanos, un seguido de catástrofes naturales y tecnológicas. Una vez más, aquí tenemos unos paralelos increíbles con las predicciones del libro de Apocalipsis. La Biblia predice la contaminación del mar y la muerte de una tercera parte de los seres marinos (Apocalipsis 8:8), la muerte de seres humanos debida a aguas contaminadas (v. 11) y la destrucción de bosques y de tierras de pastos (v. 7).

EL FIN DEL MUNDO: UNA PERSPECTIVA GENERAL

Los estudiosos de las tendencias globales tienen la tendencia a pintar una perspectiva tenebrosa y negra para el futuro de nuestro mundo. Se trataría de un mundo con

- la creciente posibilidad de un cataclismo nuclear que pondría fin a la civilización tal como la conocemos.
- la incapacidad de alimentar a sus habitantes, lo que llevaría al hambre y a la guerra.
- un medio natural debatiéndose para sostener la vida, con contaminación del aire y del agua, los suministros de alimentos envenenados y con la capa de ozono vaciada.
- plagas que no pueden ser curadas ni controladas por la medicina.

Cuando nos volvemos a la Biblia, descubrimos las mismas clases de descripciones, aunque no con la misma cantidad de detalle:

- El potencial (o la realidad) de la destrucción nuclear (Apocalipsis 8:6-12; 2 Pedro 3:10-12)
- Hambre a escala mundial (Apocalipsis 6:5-6)
- Contaminación del medio (Apocalipsis 8:6-12)
- Plagas (Apocalipsis 6:7-8)

Hablando en un sentido más general, la Biblia tiene mucho que decir acerca de las condiciones globales que prevalecerán al ir aproximándose el fin del mundo tal como lo conocemos. Posteriormente, identificaré y examinaré cincuenta acontecimientos y tendencias destacables que se predicen en la Biblia acerca de los tiempos del fin. Creo que podríamos desde luego estar viviendo en los últimos días y que estamos cerca del fin. Mi creencia se basa en las siguientes proposiciones principales que constituyen el fondo de este libro:

- La Biblia predice que Jesús volverá a la tierra.
- La Biblia predice de manera específica los acontecimientos y las tendencias que precederán y acompañarán a la venida de Jesús.
- La actual situación del mundo muestra unos paralelismos destacables con los acontecimientos y las tendencias que se predicen en la Biblia.

LAS DIFÍCILES CUESTIONES MORALES

Si estamos viviendo en los últimos días (e incluso si así no fuere), ¿cómo deberíamos responder a estas predicciones bíblicas y a su aparente cumplimiento en los acontecimientos de nuestros días? ¿Qué hay acerca de la amenaza de la guerra nuclear? ¿Y qué acerca del aprieto de los que padecen hambre? ¿Qué acerca de las multitudes infectadas con VIH y SIDA? ¿Qué acerca del envenenamiento de nuestro medio y de la extinción de las especies? ¿Deberíamos preocuparnos por esas cosas? Ahí está nuestro dilema moral.

Algunos cristianos parecen entusiasmados acerca de todos estos acontecimientos. Parecen abrigar esta actitud: «Apretad el botón nuclear. Acabad con todo. Que Dios intervenga luego para poner su orden.» ¿Deberíamos sentirnos felices acerca de las «malas nuevas» que introducen las «buenas nuevas»? Otros cristianos dejan totalmente a un lado las implicaciones proféticas de las Escrituras. A veces nos acusan a nosotros que nos tomamos literalmente esas predicciones como oscurantistas que ignoran las realidades del mundo en que vivimos. Dicen que nuestra obsesión con «los tiempos del fin» es un escapismo emocional para no tener que tratar acerca de las difíciles cuestiones que nos imponen las condiciones culturales y sociales en que vivimos. ¿Es verdad, esto? ¿Cómo deberíamos responder?

¿A qué distancia estamos del fin de mundo? ¿Podría Jesús volver antes del año 2000? ¿Y cómo deberían los cristianos responder ante estas cuestiones? Estas son preguntas que muchos se hacen. Espero que serán tratadas para satisfacción del lector dentro de las páginas de este libro.

NOTAS

1. Gerald O. Barney con Jane Blewett y Kristen R. Barney, *Global 2000 Revisited: What Shall We Do?* Un informe sobre cuestiones críticas del siglo veintiuno preparado para el Parlamento de las Religiones del Mundo de 1993 (Nueva York: Millennium Institute, 1993).
2. *Ibid.*
3. Otto Nathan y Heinz Norden, eds. *Einstein on Peace* (Nueva York: Schoken, 1968), 376.
4. Norman Moss, *Men Who Play God: The Story of the H-Bomb and How the World Came to Live with It* (Nueva York: Penguin Books, 1968), 1.
5. Jeannie Peterson, ed. *The Aftermath: The Human and Ecological Consequences of Nuclear War* (Nueva York: Pantheon Books, 1993), 16-17.
6. Avner Cohen y Steven Lee, eds. *Nuclear Weapons and the Future of Humanity* (Totowa, N.Y.: Rowman & Allanheld, 1986), 9.
7. Cohen y Lee, *Nuclear Weapons and the Future of Humanity* , 1.
8. Peterson, *The Aftermath,* 76, 90.
9. *Ibid.*
10. *Ibid.*
11. *Ibid.*
12. Véase Gillian Paterson, *Love in a Time of AIDS: Women, Health and the Challenge of HIV* (Ginebra: WCC Publications, 1996).
13. Seymour M. Hersh, *Chemical and Biological Warfare: America's Hidden Arsenal* (Indianapolis: Bobbs-Merrill, 1968), 68.
14. Russell Chandler, *Racing Toward 2001: The Forces Shaping America's Religious Future* (Grand Rapids: Zondervan, 1992), 69-81.
15. Barney, Blewett y Barney, *Global 2000 Revisited: What Shall We Do?*

Capítulo 2

La venida de Jesús: ¿Cuándo y cómo?

Entonces aparecerá la señal del Hijo del Hombre en el cielo; y entonces lamentarán todas las tribus de la tierra, y verán al Hijo del Hombre viniendo sobre las nubes del cielo, con poder y gran gloria. Y enviará sus ángeles con gran voz de trompeta, y juntarán a sus escogidos, de los cuatro vientos, desde un extremo del cielo hasta el otro.

Mateo 24:30-31

Christopher Reeve era el Supermán definitivo. El actor tenía el aspecto, el lenguaje y la fotogenia para ser lo que el mundo espera y necesita desesperadamente: el superhéroe que puede corregir todas las injusticias y derrotar todos los planes malvados. Es más fuerte que una locomotora, más rápido que una bala, y capaz de saltar sobre altos edificios. Parece uno de nosotros, pero cuando se cambia de ropa trasciende a las limitaciones de la carne humana. «¡Es un pájaro! ¡Es un avión! ¡Es Supermán!»

Una razón para la fascinación que Supermán ejerce sobre nosotros es que este personaje ficticio encaja con nuestros anhelos internos. En un mundo de injusticia y de maldad, anhelamos un libertador, alguien que pueda detener el mal y enderezar lo torcido. Desafortunadamente, todos nuestros héroes humanos tienen pies de barro, y ninguno de ellos puede saltar edificios altos. De modo que seguimos mirando películas y antiguas series televisivas de Supermán con la esperanza de que algún día nuestra fantasía se vuelva en realidad.

De hecho, ¡un día sucederá! La Biblia predice la venida de Jesucristo para establecer su reino. Como Supermán, parece uno de entre nosotros, pero es cualitativamente diferente: Él es el Hijo de Dios, y cuando venga acabará por fin con el mal, establecerá la justicia y enderezará lo torcido. Desde la caída de Adán y Eva en el huerto de Edén y su resultado en enfermedades, corrupción y muerte, Dios ha estado llevando a cabo el plan de la redención de la creación y de los seres humanos mediante su Hijo, Jesucristo. Es la venida de Jesús —la primera vez para padecer, la segunda para reinar como Rey— la que ofrece esperanza del Paraíso recobrado. La venida de Jesús y el fin del mundo forman parte de un plan más amplio para la humanidad y la creación.

EL PRINCIPIO: UN MUY BUEN LUGAR DONDE EMPEZAR

> En el principio creó Dios los cielos y la tierra.
>
> *Génesis 1:1*

El primer versículo de la Biblia establece dos verdades teológicas fundamentales. Primero, Dios existe. Segundo, el Dios que existe creó el mundo. El verbo *creó* (en hebreo *bara*) significa producir o generar algo. En el Antiguo Testamento se usa exclusivamente de la acción de Dios, nunca en relación con la obra de seres humanos. Los teólogos describen este acto de creación como *ex nihilo*, «de la nada». Louis Berkhof define la creación como «aquel libre acto de Dios por el cual Él, según su soberana voluntad y para su propia gloria, produjo en el principio todo el universo visible e invisible, sin usar material preexistente, y así le dio una existencia distinta de la suya propia y sin embargo siempre dependiente de Él.»[1]

Después de este anuncio inicial, la Biblia describe la actividad creadora de Dios día por día, explicando cada día con un lenguaje y estructura similar. Esta estructura se centra alrededor de tres frases en el texto:

«Dijo Dios»
«Fue así»
«Era bueno»

Después de seis días quedó finalizada la obra de la creación. La Biblia da la valoración de lo que había creado, incluyendo los seres humanos.

> Y vio Dios todo lo que había hecho, y he aquí que era bue-
> no en gran manera. Y fue la tarde y la mañana el día sexto.
>
> *Génesis 1:31*

La palabra *bueno* (heb., *tob*) se refiere no sólo a la perfección de la creación de Dios, sino también a sus cualidades benéficas. El mundo que Dios había creado era bueno y benéfico para los seres humanos que puso en este mundo para que lo cuidaran. Dios sabía qué era lo mejor y beneficioso para los seres humanos. La tragedia de la Caída es que Adán y Eva rechazaron el bien de su Creador y buscaron su propio bien.

> Y vio la mujer que el árbol era bueno para comer, y que era
> agradable a los ojos, y árbol codiciable para alcanzar la sa-
> biduría; y tomó de su fruto, y comió; y dio también a su
> marido, el cual comió así como ella.
>
> *Génesis 3:6*

En el día sexto, Dios creó a Adán y luego a Eva. Cuando fueron puestos en el huerto del Edén, tenían una estrecha relación con Dios y entre ellos, y una relación equilibrada con su medio. Caminaban con Dios y hablaban con él al fresco del día. Cuidaban el huerto y disfrutaban del fruto de los árboles. Estaban «ambos desnudos, y no se avergonzaban» (Génesis 2:25). Tenían una relación abierta, fran-ca, sin temor, entre ellos. Nada tenían que ocultar: ni juegos ni más-caras, ni papeles ni simulaciones, ni disfunciones. Éste era el propósito de Dios en su creación: un mundo en armonía consigo mismo y con los seres humanos, los seres humanos en armonía en-tre sí y con su Creador, un verdadero Paraíso. En la creación todo era «bueno en gran manera» (Génesis 1:31).

LA CAÍDA: PARAÍSO PERDIDO

La intimidad del Edén no duró largo tiempo. Adán y Eva decidie-ron desechar la palabra de Dios y dieron oído a la voz de Satanás, el gran enemigo de Dios. Y sucedieron dos cosas de inmediato. Pri-mero, se rompió la intimidad entre Adán y Eva.

> Entonces fueron abiertos los ojos de ambos, y conocieron
> que estaban desnudos; entonces cosieron hojas de higuera,
> y se hicieron delantales.
>
> *Génesis 3:7*

Comenzaron entonces a esconderse el uno del otro cosiéndose hojas de higuera. Comenzaron a levantar murallas entre ellos.

Segundo, su intimidad con Dios quedó destruida, y comenzaron a esconderse de Dios.

> Y oyeron la voz de Jehová Dios que se paseaba en el huerto, al aire del día; y el hombre y su mujer se escondieron de la presencia de Jehová Dios entre los árboles del huerto.
>
> *Génesis 3:8*

Y así prosigue la historia de la raza humana: apartados de Dios y unos de los otros. Dios confrontó a Adán y a Eva y a la serpiente que los había tentado, y pronunció sentencia sobre los tres. Dos conceptos clave impregnan las palabras de Dios. Primero, está el concepto del conflicto; segundo, el concepto de dolor asociado al conflicto. Dios hace tres declaraciones cruciales acerca del mundo tal como llegó a ser como resultado de la Caída.

1. *Iba a ser un mundo de perpetuo conflicto entre el bien y el mal*

> Y Jehová Dios dijo a la serpiente: «Por cuanto esto hiciste,
> *«Maldita serás entre todas las bestias*
>   *y entre todos los animales del campo;*
> *Sobre tu pecho andarás,*
>   *y polvo comerás*
>   *todos los días de tu vida.*
> *Y pondré enemistad*
>   *entre ti y la mujer,*
>   *y entre tu simiente y la simiente suya;*
> *ésta te herirá en la cabeza,*
>   *y tú le herirás en el calcañar.»*
>
> *Génesis 3:14-15*

Dios predijo que la historia de la raza humana sería una historia de conflicto perpetuo —de enemistad— entre Satanás y sus demonios por una parte, y la mujer y sus descendientes por otra. Dios predijo también que una parte del conflicto sería el dolor. Satanás «heriría el calcañar», y la simiente de la mujer «aplastaría» la cabeza de la serpiente.

2. *Iba a ser un mundo de conflicto perpetuo entre hombres y mujeres*

A la mujer dijo:
«Multiplicaré en gran manera los dolores de tus preñeces;
    con dolor darás a luz los hijos;
Y tu deseo será para tu marido,
    y él se enseñoreará de ti.»

Génesis 3:16

Como resultado del pecado, la mujer experimentaría dolor en el proceso de dar a luz los hijos. Su «deseo» para su marido comporta la idea de un anhelo de controlar o dominar. Se usa para describir el pecado que desea dominarnos (Génesis 4:7). «Tu deseo será para tu marido» podría también traducirse: «tu deseo de controlar y dominar irá contra tu marido.» La reacción del marido es también la de dominar: «Y él se enseñoreará de ti.» Una consecuencia de la Caída es engendrar conflicto: de natural los hombres y las mujeres intentan controlarse y dominarse unos a otros.

3. *Iba a ser un mundo de conflicto perpetuo entre los humanos y la creación*

Y al hombre dijo: Por cuanto obedeciste a la voz de tu mujer, y comiste del árbol de que te mandé diciendo: No comerás de él;
        «maldita será la tierra por tu causa;
            con dolor comerás de ella
            todos los días de tu vida.
        Espinos y cardos te producirá,
            y comerás plantas del campo.
        Con el sudor de tu rostro
            comerás el pan
        hasta que vuelvas a la tierra,
            porque de ella fuiste tomado;
        pues polvo eres,
            y al polvo volverás.»

Génesis 3:17-19

El medio no sería amistoso para el usuario en el caso de Adán, sino que reaccionaría continuamente contra él. El mero hecho de existir comportaría un «doloroso afán». Y tras una vida dominada por «el sudor de tu rostro», moriría y volvería al polvo.

La armonía que existía en la creación antes de la Caída había quedado perturbada. Adán y Eva estaban ahora viviendo en un nuevo mundo. El dolor, la enfermedad, el conflicto, la tristeza, la frustración y la muerte formaban parte de esta nueva realidad. San Pablo desarrolla esta realidad en el capítulo 8 de su carta a los Romanos. En primer lugar, declara que «la creación fue sujetada a vanidad» (Romanos 8:20). La palabra «vanidad» tiene aquí el sentido de *frustración*. Significa la incapacidad de llegar a la propia meta. Significa ir de pesca y no conseguir pescar un solo pez. La creación está frustrada porque no consigue alcanzar su objetivo propuesto: armonía consigo misma e intimidad entre los seres humanos y Dios. En segundo lugar, Pablo declara que la creación está en «la esclavitud de corrupción» (v. 21). Las cosas no están yendo a mejor en el mundo: están yendo a peor. Las semillas de degeneración, corrupción, destrucción y muerte están sembradas en toda la creación caída. Tercero, Pablo declara que «toda la creación gime a una, y a una está con dolores de parto hasta ahora» (v. 22). La creación anhela ser liberada de la maldición y de las consecuencias del pecado.

UN RAYO DE ESPERANZA

Las consecuencias de la Caída nos recuerdan la canción que se canta en el programa televisivo americano *Hee Haw*.

Tinieblas, desesperanza y agonía me acosan,
profunda y negra depresión, infelicidad extrema.

De hecho, somos personas estropeadas viviendo en un mundo estropeado. La Caída introdujo una serie de realidades que no se pueden evitar.

1. *El conflicto forma parte de la vida.* No existe una vida exenta de conflicto. Vivimos en una zona de guerra entre el bien y el mal. Forjamos relaciones humanas con una inclinación hacia el dominio y el control. Luchamos contra las fuerzas de la naturaleza para ganarnos la vida.

Este conflicto no queda limitado a las relaciones humanas. Tiene lugar al nivel nacional e internacional, en tanto que las autoridades humanas intentan alcanzar el dominio unas sobre otras. El 4 de septiembre de 1996, el mismo día en que escribía este capítulo, fui a uno de mis restaurantes favoritos para comer. Mientras esperaba que me sirvieran, eché un vistazo a los titulares del diario *The Wall Street Journal.* Bajo la sección de Noticias Mundiales había trece titulares principales de noticias, y la mayoría de ellos tenían que ver con conflicto y guerra.[2]

LOS EE.UU. ATACARON a Irak con misiles de crucero, y hay la posibilidad de nuevos ataques. Los 27 misiles, lanzados desde bombarderos B-52 y navíos de guerra en el Golfo Pérsico, alcanzaron blancos en el sur del Irak. Portavoces iraquíes afirman que murieron cinco personas.

Yeltsin aprobó un tratado de paz con los rebeldes separatistas chechenos, según el primer ministro Chernomyrdin, pero la oposición al pacto negociado por el jefe de seguridad nacional, Lebed, aumentó entre los comunistas en la Duma. Lebed manifestó en una conferencia de prensa que esta guerra ha ocasionado 90.000 muertos, pero no presentó evidencias.

Funcionarios de la agencia de refugiados de la ONU comenzaron la evacuación de 31 musulmanes de la ciudad bosnia de Banja Luca después de que fueran echados de sus casas por una enfurecida muchedumbre servia.

Rebeldes hutus en Burundi lanzaron disparos de mortero en Bujumbura, sin provocar heridos pero efectuando su primer ataque sobre la capital este año y el primero desde un golpe militar dirigido por tutsis en julio. La lucha continuó alrededor de la ciudad septentrional de Kayanza, donde los rebeldes iniciaron una ofensiva la semana pasada. Un portavoz del ejército declaró que el número de bajas es elevado.

Los negociadores israelíes continuaron las discusiones con los delegados palestinos en un esfuerzo por preparar la primera reunión entre Netanyahu y Arafat y avivar el proceso de paz.

La administración planea reasignar a 500 agentes del FBI a la fuerza contraterrorista de dicha organización mientras investiga explosiones de bombas supuestamente plantadas por terroristas en Arabia Saudita y en Atlanta y la explosión del 747 de la TWA del 17 de julio.

Colombia desveló un plan para exigir a contribuyentes o negocios con un activo superior a 85.000 dólares USA que compren bonos de guerra para ayudar a financiar la guerra de Bogotá contra los rebeldes izquierdistas.

La policía belga encontró los restos de dos muchachas adolescentes que habían sido objeto de una intensa búsqueda involucrando un círculo de pornógrafos infantiles asesinos que tenían su centro en la ciudad de Charleroi.

Pakistán dijo que ha derribado cuatro helicópteros indios en las últimas semanas en una disputa fronteriza sobre un glacial en la región montañosa al norte de Cachemira.

El mando militar de Sri Lanka dijo que ha arrestado a un rebelde separatista tamil que se cree es una de las personas que pusieron bombas en un tren de cercanías repleto de pasajeros en un suburbio de Colombo, la capital, en julio. Las explosiones causaron la muerte de al menos 57 personas y heridas a más de 500.

Grupos de rescate en la India han estado buscando más víctimas de un derrumbamiento de un edificio en Bombay que causó la muerte de al menos seis personas.

Los comerciantes etíopes hicieron una marcha en Adis Abeba para protestar por aumentos de los alquileres por parte del gobierno en propiedades del estado, donde están situadas unas 21.000 tiendas.

2. Tratar con los conflictos precisa de mucho esfuerzo.
Es trabajoso resistir el mal. Se precisa de esfuerzo para sobrevivir en un mundo hostil. La Biblia lo designa como «afán».

3. *El dolor forma parte del trato.*
A veces experimentamos el dolor de Satanás que «hiere» el talón. A veces se trata del dolor de dar a luz y criar los hijos. A veces es el dolor de las relaciones rotas y el dolor de los demás. A veces es el dolor del trabajo duro. Pero el dolor siempre está ahí. Y cuando llegamos al final de la jornada, hay el dolor final: el dolor de morir.

Frente a las tinieblas de esas realidades hay un arco iris de esperanza. Cuando Dios estuvo hablando con Satanás, Eva y Adán, hizo una promesa.

> *«Y pondré enemistad*
> *entre ti y la mujer,*
> *y entre tu simiente y la simiente suya;*
> *ésta te herirá en la cabeza,*
> *y tú le herirás en el calcañar.»*
> *Génesis 3:15*

Dios predijo que la simiente de la mujer —una referencia al anunciado Mesías (Gálatas 3:16; Apocalipsis 12:1-5)— iba a «herir» en la cabeza —iba a asestar un golpe fatal— a Satanás. En ello, Satanás dañaría —pero no de manera fatal— al prometido Mesías. Los teólogos designan a este versículo como el *protoevangelio,* el «primer evangelio». Dios predijo que uno que nacería de mujer derrotaría finalmente a las fuerzas de Satanás y del mal. Esta promesa deviene el tema de toda la Biblia y culmina con el juicio de Satanás.

> Y el diablo que los engañaba fue lanzado en el lago de fuego y azufre, donde estaban la bestia y el falso profeta; y serán atormentados día y noche por los siglos de los siglos.
> *Apocalipsis 20:10*

LA VENIDA DE CRISTO SEGÚN ESTÁ PREDICHA EN EL ANTIGUO TESTAMENTO

Comenzando con el *protoevangelio,* el Antiguo Testamento registra la obra de Dios por medio del pueblo judío para llevar a su cumplimiento la promesa de que la simiente de la mujer iba a herir la cabeza de la serpiente. Con un detalle siempre creciente, las Escrituras del Antiguo Testamento predicen la venida del Prometido. Dos temas principales surgen de esas predicciones. Primero, que el

Prometido vendrá a la tierra, y padecerá, morirá y resucitará. Esta es su primera venida (o advenimiento). Segundo, el Prometido vendrá también en gloria y poder para establecer un reino de justicia por toda la tierra. Esto es designado como su segunda venida (o advenimiento).

El cumplimiento exacto de cada detalle de su primera venida nos da confianza de que cada detalle de su segunda venida se cumplirá. ¡Podemos confiar en las profecías de la Biblia!

1. *Predicciones acerca de la primera venida de Cristo*

El Antiguo Testamento predecía que Cristo iba a nacer de una virgen (Isaías 7:14) en la ciudad de Belén (Miqueas 5:2). Predecía que sería traicionado por un amigo (Salmo 41:9) por treinta piezas de plata (Zacarías 11:12-13). Predecía que sería escarnecido (Isaías 50:6), que sus manos serían horadadas (Salmo 22:16), sus ropas repartidas (Salmo 22:18) y su cuerpo herido (Isaías 53). Predecía que moriría y que su sepulcro sería con los ricos (Isaías 53:9); que resucitaría de entre los muertos (Salmo 16:10) y que ascendería a las alturas (Salmo 68:18).

Esas son sólo unas pocas de las predicciones acerca de la primera venida de Cristo a la tierra. Después de su resurrección, Jesús se apareció a dos de sus discípulos en el camino a Emaús y explico todas las referencias del Antiguo Testamento a sus padecimientos.

Entonces él les dijo: ¡Oh insensatos, y tardos de corazón para creer todo lo que los profetas han dicho! ¿No era necesario que el Cristo padeciera estas cosas, y que entrara en su gloria? Y comenzando desde Moisés y siguiendo por todos los profetas, les declaraba en todas las Escrituras lo que de él decían.

Lucas 24:25-27

2. *Predicciones acerca de la Segunda Venida*

¡Alégrese el mundo! ¡Ha venido el Señor!
Que la tierra reciba a su Rey;
Que cada corazón lugar le prepare,
Y el cielo y la naturaleza prorrumpan en canción,
Y el cielo y la naturaleza prorrumpan en canción,
Y el cielo, y el cielo y la naturaleza prorrumpan en canción.

¡Alégrese el mundo! ¡El Señor reina ya!
Que los hombres alcen canción;
Mientras campos y ríos, rocas, montes y prados
Del gozo se hagan eco en canción,
Del gozo se hagan eco en canción,
Del gozo, del gozo se hagan eco en canción.

Ya no crezca más el pecado ni el dolor,
Ni espinas infesten más la creación;
Él viene a derramar bendición
Hasta allí donde la maldición llegó,
Hasta allí donde la maldición llegó,
Hasta allí, hasta allí donde la maldición llegó.

Él rige el mundo con gracia y verdad,
Y a las naciones da a gustar
Las glorias de su rectitud
Y maravillas de su amor,
Y maravillas de su amor,
Y maravillas, maravillas de su amor.

Este villancico se canta muy frecuentemente en Navidad, cuando se celebra la primera venida de Jesús. Pero este himno en realidad tiene que ver con la Segunda Venida. Fue escrito por Isaac Watts y está basado en diversos pasajes de las Escrituras, incluyendo el Salmo 98.

Hay muchas predicciones en el Antiguo Testamento que giran alrededor del gobierno de Cristo sobre la tierra. Él vendrá con gloria, dominio y poder (Daniel 7:13-14) y será exaltado (Isaías 2:11). Él pondrá sus pies sobre el monte de los Olivos (Zacarías 14:4) y los judíos le mirarán a él (Zacarías 12:10). Él será rey sobre toda la tierra (Zacarías 14:9). Él traerá la paz al mundo (Isaías 2:4) y será adorado (Zacarías 14:16). La venida de Cristo irá acompañada de un día de ira (Sofonías 1:15). Isaías da un sumario de esas promesas de un reino terrenal futuro.

Lo dilatado de su imperio y la paz
no tendrán límite,
sobre el trono de David
y sobre su reino,

> *disponiéndolo y confirmándolo*
> *en juicio y en justicia*
> *desde ahora y para siempre.*
> *El celo de Jehová de los ejércitos*
> *hará esto.*
>
> *Isaías 9:7*

La venida de Cristo a sufrir (su humillación) y la venida de Cristo a reinar como rey (su exaltación) son dos temas distintos y dos acontecimientos separados. El primer acontecimiento ya ha tenido lugar: Cristo ha padecido, muerto, resucitado y vuelto al Padre. El otro acontecimiento espera a su cumplimiento: el regreso de Cristo a la tierra.

LA SEGUNDA VENIDA DE CRISTO SEGÚN ESTÁ PREDICHA EN EL NUEVO TESTAMENTO

El Nuevo Testamento detalla el tema de la segunda venida de Jesucristo. Los once discípulos estaban con Jesús cuando ascendió al cielo. Mientras los discípulos miraban al cielo, se les aparecieron dos ángeles y les prometieron que «este mismo Jesús, que ha sido tomado de vosotros al cielo, así vendrá como le habéis visto ir al cielo» (Hechos 1:11). Durante casi dos mil años los seguidores de Jesús han acariciado esta esperanza: la esperanza del regreso literal y físico de Cristo. En tanto que los cristianos han mostrado desacuerdo y han tenido discusiones acerca de precisamente cómo y cuándo esto tendrá lugar, todos están de acuerdo en que Jesús volverá.

Tres palabras

En el Nuevo Testamento se emplean tres palabras griegas para describir la segunda venida de Jesucristo. Primero, tenemos la palabra *parousia* que viene de un verbo que significa «estar cerca de», o, «junto a». Se usa veinticuatro veces en el Nuevo Testamento y pone el énfasis en la presencia corporal de Cristo. Cuando Él regrese, estaremos junto a Él.

La segunda palabra es *apukalupsis*, de la que procede la palabra *apocalipsis*, el nombre del último libro del Nuevo Testamento. Significa «desvelar» o «revelar». Su énfasis con referencia a la segunda venida recae en la revelación de Cristo en su gloria.

La tercera palabra es *epifaneia*, que significa «sacar a la luz». Esta palabra destaca que la venida de Cristo será inconfundible: tan dramática como el resplandecer de la luz en medio de las tinieblas.

Dos etapas

Si Jesús va a volver para establecer su reino, ¿cómo sucederá esto, exactamente? Al estudiar las predicciones del Nuevo Testamento, surgen dos temas. Primero, Jesús vendrá *a por* sus santos en las nubes y los llevará al cielo. Segundo, Él vendrá *con* sus santos a la tierra para establecer un reino. Creo que son dos etapas de su venida que están separadas por un período de siete años de tribulación.

Primera etapa: *Viene a por sus santos*

Tampoco queremos, hermanos, que ignoréis acerca de los que duermen, para que no os entristezcáis como los que no tienen esperanza. Porque si creemos que Jesús murió y resucitó, así también traerá Dios con Jesús a los que durmieron en él. Por lo cual os decimos esto en palabra del Señor: que nosotros que vivimos, que habremos quedado hasta la venida del Señor, no precederemos a los que durmieron. Porque el Señor mismo con voz de mando, con voz de arcángel, y con trompeta de Dios, descenderá del cielo; y los muertos en Cristo resucitarán primero. Luego nosotros, los que vivimos, los que hayamos quedado, seremos arrebatados juntamente con ellos en las nubes para recibir al Señor en el aire, y así estaremos siempre con el Señor. Por tanto, alentaos los unos a los otros con estas palabras.

1 Tesalonicenses 4:13-18

Observemos el énfasis en la venida de Cristo. Él descenderá del cielo, y nosotros seremos «arrebatados». Este es el concepto del «arrebatamiento», que comunica esto: vamos «a recibir al Señor en el aire». No hay mención de que Jesús toque la tierra —viene sólo hasta las nubes. Nosotros dejamos la tierra —no establecemos un reino con Cristo sobre la tierra. De modo que el arrebatamiento de la iglesia tendrá lugar cuando los creyentes sean sacados del mundo para encontrarse con el Señor y quedarse con Él.

El arrebatamiento de los creyentes es el siguiente gran acontecimiento profético en el calendario de Dios. Creo que podría sobrevenir en cualquier momento.

Segunda etapa: *La venida con sus santos.*

El Nuevo Testamento predice también que Jesús volverá a la tierra con los ejércitos celestiales, que incluyen a los santos. Derrotará a Satanás y establecerá su reino sobre la tierra. Juan describe este acontecimiento profético en Apocalipsis 19:11-16.

> Entonces vi el cielo abierto; y he aquí un caballo blanco, y el que lo montaba se llamaba Fiel y Verdadero, y con justicia juzga y pelea. Sus ojos eran como llama de fuego, y había en su cabeza muchas diademas; y tenía un nombre escrito que ninguno conocía sino él mismo. Estaba vestido de una ropa teñida en sangre; y su nombre es: EL VERBO DE DIOS. Y los ejércitos celestiales, vestidos de lino finísimo, blanco y limpio, le seguían en caballos blancos. De su boca sale una espada aguda, para herir con ella a las naciones, y él las regirá con vara de hierro; y él pisa el lagar del vino del furor y de la ira del Dios Todopoderoso. Y en su vestidura y en su muslo tiene escrito este nombre: REY DE REYES Y SEÑOR DE SEÑORES.

Por este pasaje aprendemos que Jesús no viene para llevarse a los creyentes al cielo. Al contrario, viene en un momento en que los creyentes están ya en el cielo. No se detiene en el aire, sino que llega hasta la misma tierra. No viene a liberar a su pueblo sacándolos de la tierra, sino más bien a gobernar con su pueblo sobre la tierra. La naturaleza, el propósito y las consecuencias de esta venida son radicalmente diferentes del caso del arrebatamiento.

La Segunda Venida y la gran tribulación

Dadas estas dos etapas de la segunda venida de Cristo, se plantea la siguiente pregunta ineludible: «¿A qué distancia están estos dos acontecimientos?» La respuesta es: siete años. Entre esas dos etapas se encuentra el período de siete años conocido como la gran tribulación. Este acontecimiento queda confirmado en las profecías de Daniel acerca de los 490 años de acontecimientos futuros (Dn. 9:24-27) y la estructura del libro de Apocalipsis. En capítulos posteriores se da un análisis de esas dos cuestiones.

El siguiente acontecimiento principal en el calendario profético de Dios es el arrebatamiento de la iglesia, lo cual podría tener lugar en cualquier momento. Después de esto, comenzará la tribulación con la introducción del anticristo, que se alineará con un renovado

Imperio Romano económico-político, esto es, Europa. El anticristo será un brillante negociador y militarista que traerá la paz al mundo. Forjará un tratado de paz para garantizar la seguridad de Israel, pero denunciará el tratado después de tres años y medio. Durante este tiempo, el caos se adueñará del mundo. Habrá hambres y plagas de proporciones epidémicas. Morirán millones. Los ríos quedarán envenenados y las tierras de pastos se quemarán. Acontecimientos de la magnitud de hecatombes nucleares vendrán a ser cosas usuales.

El mundo quedará influido en lo económico por intereses a escala global. El comercio será controlado internacionalmente, y sólo los que tengan una marca o clave apropiadas podrán comprar y vender. Las religiones serán unificadas en una sola fe universal. Luego, al final, una coalición de ejércitos en el Oriente Medio marchará sobre Israel con el propósito de exterminar a todos los judíos. En el último momento, Cristo volverá con los ejércitos del cielo para derrotar esta coalición en la batalla de Armagedón. Con esta victoria, establecerá el reino milenario sobre la tierra. Entonces se cumplirá esta profecía:

> *Morará el lobo con el cordero,*
> *y el leopardo con el cabrito se acostará;*
> *el becerro y el león y la bestia doméstica andarán juntos,*
> *y un niño los pastoreará.*
> *La vaca y la osa pacerán,*
> *sus crías se echarán juntas;*
> *y el león como el buey comerá paja.*
> *Y el niño de pecho jugará sobre la cueva del áspid,*
> *y el recién destetado extenderá su mano sobre la caverna*
> *de la víbora.*
> *No harán mal ni dañarán*
> *en todo mi santo monte;*
> *porque la tierra será llena del conocimiento de Jehová,*
> *como las aguas cubren el mar.*
>
> *Isaías 11:6-9*

VOLVAMOS AL PRINCIPIO:
UN LUGAR MUY BUENO DONDE ACABAR

Comencé este capítulo volviendo al paraíso: un mundo en armonía consigo mismo, con los seres humanos en íntima relación entre ellos y con Dios. Pero el paraíso se perdió. Ahora vivimos en un mundo de conflicto y de dolor. Estamos separados entre nosotros y de Dios y estamos atrapados en la lucha cósmica entre el bien y el mal. Somos pecadores en un mundo caído y estropeado. Pero las buenas nuevas son que aquello que se perdió —el Paraíso— se puede recobrar gracias a la primera y segunda venida de Jesucristo.

El paraíso recuperado: La primera venida de Cristo. Jesús vino la primera vez como nuestro sustituto por el pecado. Él aceptó la ira de Dios contra el pecado y se ofreció a sí mismo como sacrificio para pagar la pena de nuestros pecados. Por medio de la fe en Cristo podemos ser perdonados y restaurados a la intimidad con Dios para la que fuimos originalmente creados. Esta relación con Dios nos introduce a una forma totalmente nueva de vivir en relación mutua. En lugar de competencia y control, podemos someternos unos a otros mutuamente (Efesios 5:21) y amarnos y cuidarnos los unos de los otros (1 Corintios 13). El estropicio de la Caída ha sido restaurado y sanado por medio de Cristo.

El paraíso recuperado: La Segunda Venida. Mientras que la segunda venida de Cristo nos restaura a Dios y unos a otros, su segunda venida trae la justicia a la tierra y restaura la creación a un camino nuevo y vivo.

> Vi un cielo nuevo y una tierra nueva; porque el primer cielo y la primera tierra pasaron, y el mar ya no existía más … Enjugará Dios toda lágrima de los ojos de ellos; y ya no habrá muerte, ni habrá más llanto, ni clamor, ni dolor; porque las primeras cosas pasaron. Y el que estaba sentado en el trono dijo: He aquí, yo hago nuevas todas las cosas. Y me dijo: Escribe: porque estas palabras son fieles y verdaderas.
>
> *Apocalipsis 21:1, 4-5*

NOTAS

1. Louis Berkhof, *Systematic Theology* (Grand Rapids: Eerdmans, 1969), 129. [edición en español: *Teología sistemática* (Grand Rapids: Libros Desafío).]
2. *The Wall Street Journal,* 4 de septiembre 1996, 1.

Capítulo 3

ISRAEL: EL CENTRO DE DIOS PARA EL FUTURO

Fue una de aquellas reuniones que nunca olvidaré. Fui invitado a reunirme con unos veinte líderes evangélicos y políticos en Blair House, en Washington, D.C., para una reunión con Menahem Begin, el primer ministro de Israel. Se trataba de un grupo de personas distinguidas, entre ellas el Senador estadounidense John Warner, el periodista Cal Thomas, el presidente de seminario John F. Walvoord y el evangelista Grady Wilson. Fuimos introducidos en una estancia con el número apropiado de sillas y nos sentamos en dos hileras en un semicírculo con tres sillas frente a las nuestras.

Después de una considerable espera, el primer ministro entró en la estancia con el embajador israelí en los Estados Unidos y el Rvdo. Jerry Falwell, que había concertado esta reunión privada. Los tres se sentaron cara a nosotros. El primer ministro habló durante un rato acerca de las cuestiones políticas y de seguridad a las que Israel hacía frente. Hablaba con una voz suave, y todos se inclinaban adelante para captar todo lo que decía.

Cuando el señor Begin hubo terminado, Jerry Falwell preguntó si podríamos responder cada uno de nosotros con una breve declaración. Esto no había sido mencionado antes de la reunión, y yo no había preparado nada para decir. Bien sabía yo que no era un «líder evangélico» como lo eran muchos otros en la estancia. La razón por la que yo había sido invitado a esta reunión era que trabajaba para Jerry Falwell. Estaba allí por sus méritos, no por los míos. Mientras otros hablaban al primer ministro, mi mente estaba trabajando febrilmente, intentando determinar qué decir. ¡No quería parecer un estúpido! Finalmente, me tocó la vez.

«Señor Primer Ministro,» comencé diciendo: «Soy con mucho el miembro más joven de este distinguido grupo de líderes americanos. Formo parte de la próxima generación. Como miembro de dicha generación, quiero asegurarle nuestro apoyo al Estado de Israel. Tenga la seguridad de que la protección de Israel estará garantizada en mi generación y —con la ayuda de Dios— en la siguiente.»

Recuerdo la sonrisa del primer ministro cuando hube terminado, pero me sentía tan aliviado que no recuerdo lo que dijo. Luego supe que se sintió profundamente conmovido por mis palabras debido a su preocupación por la seguridad y el futuro de Israel. Cuando salimos de Blair House y nos alejamos calle abajo, nos persiguieron los reporteros, tomando fotografías y haciendo preguntas acerca de nuestra reunión. Por unos breves instantes sentí que formaba una pequeña parte de la historia, tanto de la historia bíblica como de la moderna. La existencia del Estado de Israel reúne la profecía bíblica y la historia moderna como no se había visto desde los días del Nuevo Testamento. El recogimiento de los judíos en Israel y su existencia como nación es el *más significativo* acontecimiento profético desde que Jesús ascendió al cielo.

LA PREGUNTA FINAL

Señor, ¿restaurarás el reino a Israel en este tiempo?

Hechos 1:6

Jesús había estado con sus discípulos durante tres años de ministerio público y privado. Ellos habían oído el Sermón del Monte y el discurso del Olivete. Habían visto a Pedro andando sobre el mar y habían ayudado en la alimentación de cinco mil personas con cinco panes y dos peces. Habían estado con Jesús durante su entrada triunfal en Jerusalén y durante la conmovedora cena en el Aposento Alto. Habían pasado por la desesperanza de la cruz y por la gloriosa sorpresa de la Resurrección. Habían pasado tiempo con Jesús después de esto. Durante todos sus viajes juntos habían tenido una estrecha relación con su maestro. Le habían visto y escuchado. Le habían hecho preguntas. Ahora Jesús estaba dispuesto a partir. Todo lo que habían visto, oído y hecho quedaba ahora reducido a una pregunta final: «Señor, ¿restaurarás el reino a Israel en este tiempo?»

Esta última pregunta suscita dos significativas cuestiones acerca de la profecía: la restauración del reino a Israel y el papel de Jesús en la restauración del reino. No todos los eruditos bíblicos creen que haya un reino futuro para Israel. Algunos creen que las promesas del Antiguo Testamento acerca de este reino tienen una naturaleza alegórica y que en un sentido espiritual ya están cumplidas. Esto es, que en el Nuevo Testamento la iglesia es «Israel». Pero el claro significado de la pregunta final de los discípulos contradice esta interpretación. Ellos esperaban un reino verdadero —Israel— restaurado por una persona real: Jesús.

Observemos que Jesús no corrigió el concepto que tenían los discípulos de un reino futuro para Israel. No dijo: «No habrá un reino futuro para Israel. Mi programa para Israel ha concluido. Todo lo que prometí a Israel queda cumplido en la Iglesia.» Al contrario, Jesús confirmó la creencia de ellos en el reino futuro, y les dijo sencillamente: «No os toca a vosotros saber los tiempos o las sazones, que el Padre puso en su sola potestad» (Hechos 1:7). El tiempo y la fecha de aquel reino futuro están ya establecidos; vendrá por la autoridad y el poder del Padre.

¿TIENE DIOS UN PLAN EN EL FUTURO PARA ISRAEL?

Esta pregunta final planteada a Jesús revela la esperanza de los discípulos de una restauración del reino a Israel. Y la esperanza de ellos no era una idea aislada. Más bien es algo central en la enseñanza tanto del Antiguo como del Nuevo Testamento.

El reino futuro y la profecía del Antiguo Testamento

La pregunta de los discípulos tenía una base informada bíblica. Se basaba en su comprensión de diversas profecías del Antiguo Testamento. Isaías había predicho este reino futuro como una edad mesiánica en la que muchos acudirán a Jerusalén para adorar en el templo y cuando la ley de Dios procederá de Sion (Isaías 2:1-3). En «los postreros días» Dios resolverá las disputas internacionales y las naciones «volverán sus espadas en rejas de arado, y sus lanzas en hoces» (v. 4). Cesará la guerra y las gentes «caminarán a la luz de Jehová» (vv. 4-5).

El Mesías es identificado como «Admirable, Consejero, Dios fuerte, Padre eterno, Príncipe de paz» (Isaías 9:6). Está predicho que reinará «sobre el trono de David y sobre su reino, disponiéndolo y confirmándolo en juicio y en justicia desde ahora y para siempre» (v. 7). Cuando crezca la «vara» del «tronco de Isaí» (11:1), entonces «morará el lobo con el cordero», y las anteriores hostilidades en la creación quedarán resueltas (vv. 6, 9).

La venida del Mesías a establecer este reino en la tierra incluirá también un recogimiento del pueblo judío a la tierra de Israel. Dios los traerá del este, del oeste, del norte y del sur: «de los confines de la tierra» (Isaías 43:5-6).

Esas predicciones del libro de Isaías forman parte de un cuerpo mayor de material profético en el Antiguo Testamento que predice una dispersión del pueblo judío por todo el mundo, su recogimiento a la tierra de Israel y la venida del Mesías a sentarse en el trono de David y gobernar sobre todo el mundo. Todas esas profecías tienen que ver con un trono verdadero (el de David), con un rey verdadero (el Mesías) y con un reino verdadero (el de Israel).

El reino futuro y la virgen María

En el capítulo 2 hemos comparado los dos advenimientos de Jesucristo. Durante el primer advenimiento vino a padecer, morir y resucitar para nuestra redención. Durante su segunda venida vendrá a la tierra a establecer su reino, según ha sido predicho en las Escrituras del Antiguo Testamento.

Al venir la primera vez, Jesús nació de la virgen María. Dios envió un ángel para que anunciase a María que ella sería la madre del «Hijo del Altísimo». «Has hallado gracia delante de Dios», le dijo el ángel. «Concebirás en tu vientre, y darás a luz un hijo, y llamarás su nombre Jesús» (Lucas 1:30-31). Pero el mensaje del ángel no termina aquí. «Este será grande,» prosiguió el ángel. «El Señor Dios le dará el trono de David su padre; y reinará sobre la casa de Jacob para siempre, y su reino no tendrá fin» (vv. 32-33). La primera parte de la profecía ya ha quedado cumplida: Jesús nació de María. La segunda parte espera a su cumplimiento: Él reinará para siempre sobre el trono de David.

El reino futuro y la enseñanza de Pablo

En ninguna parte de todo el Nuevo Testamento se explica con mayor claridad el futuro de Israel como nación y pueblo que en los capítulos 9—11 del libro de Romanos. En primer lugar, Pablo expone que los judíos tienen una relación especial con Dios. «De los cuales son la adopción, la gloria, el pacto, la promulgación de la ley, el culto y las promesas» (Romanos 9:4). En segundo lugar, Israel ha experimentado un «endurecimiento». Los judíos se han vuelto resistentes al evangelio, y como resultado el evangelio ha sido ofrecido a los gentiles (11:25). En tercer lugar, Dios *no* ha rechazado a Israel. «¿Ha desechado Dios a su pueblo?», pregunta Pablo. «En ninguna manera», responde a continuación. «No ha desechado Dios a su pueblo» (vv. 1-2). En cuarto lugar, cuando Dios haya llamado «la plenitud de los gentiles», entonces Él restaurará el reino a Israel y «todo Israel será salvo» (vv. 25-26).

¿Acaso Dios tiene un plan futuro para Israel? ¡Desde luego! Todas estas promesas para con Israel se cumplirán. Dudar de esta esperanza futura significa ignorar la clara enseñanza tanto del Antiguo Testamento como del Nuevo. En los últimos días Dios traerá a la existencia este futuro reino, y Jesucristo gobernará en Israel y sobre toda la tierra. Jesús recordó a sus discípulos que los tiempos y las fechas de estos acontecimientos están ya establecidos (Hechos 1:7).

LOS JUDÍOS: UNA HISTORIA DE SUFRIMIENTO Y DE REDENCIÓN

No hay ningún grupo étnico bajo el sol que sea más resistente que los judíos. Su existencia como pueblo en la actualidad es un testimonio de su increíble periplo contra todo pronóstico. Ningún pueblo ha sido más perseguido, hostigado o aborrecido. Su historia está repleta de los Faraones, Hamanes y Hitlers de este mundo. Sin embargo, han sobrevivido. En su monumental obra *A History of the Jews* [Una historia de los judíos], Paul Johnson los llama «el pueblo más tenaz de la historia» y señala a la ciudad de Hebrón como prueba viviente de su tenacidad.[1] Describe él a los muchos pueblos que conquistaron y controlaron esta ciudad, muchos de los cuales expulsaron a los judíos, o los atacaron o asesinaron. Johnson escribe:

> De modo que cuando el historiador visita Hebrón en la actualidad, se pregunta: ¿Dónde están todos los pueblos que en el pasado poseyeron este lugar? ¿Dónde están los cananeos? ¿Dónde los edomitas? ¿Dónde los antiguos helenos y los romanos, los bizantinos, los francos, los mamelucos y los otomanos? Se han desvanecido en el tiempo de manera irrevocable. Pero los judíos siguen estando en Hebrón.[2]

La historia de los judíos está compuesta de repetidos ciclos de sufrimiento seguido por redención. Esos ciclos son tan antiguos como el sufrimiento bajo el cruel dominio del Faraón en Egipto con la redención mediante el éxodo bajo Moisés. Son tan modernos como el exterminio bajo los nazis y el resultante establecimiento del Estado de Israel. Entre esos acontecimientos transcurren casi seis mil años de historia parecida.

En este ciclo de sufrimiento y redención, hay dos acontecimientos que parecen conformar el pensamiento de la judería moderna: el exterminio u holocausto y el establecimiento del Estado de Israel. Son acontecimientos vinculados. Johnson escribe que el Exterminio fue «un factor causal primario en el establecimiento del Estado de Israel ... El establecimiento de Israel fue consecuencia del sufrimiento judío.»[3] Ambos acontecimientos son cruciales para comprender el futuro de Israel.

El exterminio: Las profundidades del antisemitismo

Hace varios años asistí a una conferencia patrocinada por la Liga Antidifamación de B'nai B'rith. Mientras volaba de regreso, comencé a leer un libro que había recibido en la conferencia, *Auschwitz: Beginning of a New Era? Reflections of the Holocaust* [Auschwitz: ¿El comienzo de una nueva era? Reflexiones sobre el exterminio]. Mientras leía aquellos testimonios desgarradores de los más profundos sufrimientos humanos, era como si me sintiera transportado de vuelta a un tiempo que preferiría olvidar. Era un ejercicio penoso, y tuve que resistir el abrumador impulso de desmoronarme y sollozar. Me preguntaba yo a mí mismo insistentemente: «¿Tuve yo parte de la culpa?» incluso aunque yo ni siquiera había nacido durante la pesadilla nazi. Pensaba para mis adentros: «¿Qué habría hecho yo si hubiera estado allí? ¿Habría resistido y habría estado dispuesto a morir con la comunidad judía, o quizá, como tantos protestantes y católicos, habría justificado mi silencio sobre la base de que el exterminio no era en realidad algo que me afectara?» Esas son cuestiones que todos debemos afrontar al contemplar este abismo de depravación humana.

El exterminio, que tuvo lugar entre 1933 y 1945, fue un intento consciente por parte del régimen nazi de erradicar a todos los judíos de Europa. Las estadísticas de este genocidio son tan abrumadoras que son de difícil comprensión. Un total de 6 millones de judíos fueron asesinados, incluyendo más del 80 por ciento de los líderes intelectuales y culturales de la comunidad. En 1944, bajo la amenaza del avance de los ejércitos aliados, el ritmo de exterminio aumentó de modo que 10.000 judíos húngaros morían cada día. Hubo la posibilidad de que no sobreviviera ningún judío. Quizá la mejor manera de comprender esta tragedia es oír las palabras de algunos judíos que la sobrevivieron. Este es el testimonio de un guarda polaco en el campo de exterminio de Auschwitz, tal como quedó registrado en los juicios por crímenes de guerra de Nuremberg que siguieron a la Segunda Guerra Mundial:

Testigo: Las mujeres acompañadas de sus niños eran (siempre) enviadas con ellos al crematorio. (Los niños no tenían valor laboral, y por ello eran muertos. Las madres eran también enviadas con ellos, porque la separación podría haber causado pánico, histeria, lo que podría haber disminuido el ritmo del proceso de destrucción, y esto no podía permitirse. Era más sencillo condenar también a las madres y mantener las cosas tranquilas y sin sobresaltos.) Los niños eran luego arrancados de sus padres fuera del crematorio y enviados por separado a las cámaras de gas. (En este punto, la consideración más urgente era apiñar más gente en las cámaras de gas. Separarlos significaba que se podía meter a más niños por separado, o que podían ser echados sobre las cabezas de los adultos cuando la cámara quedaba repleta.) Cuando el exterminio de los judíos en las cámaras de gas llegó al máximo, se dieron órdenes de que los niños fueran echados directamente a los hornos del crematorio, o a una fosa cerca del crematorio, sin gasearlos primero.

Smirnov (fiscal ruso): ¿Cómo debo entender esto? ¿Los echaban vivos al fuego, o los mataban primero?

Testigo: Los echaban vivos. Sus chillidos podían oírse en el campamento. Es difícil decir cuántos niños fueron destruidos de esta manera.

Smirnov: ¿Por qué hacían esto?

Testigo: Es muy difícil de decir. No sabemos si es que querían economizar el gas o si era porque no había suficiente espacio en las cámaras de gas.[4]

Esas descripciones desafían todo comentario. ¡Pero hemos de oír los chillidos de los niños, oler el hedor de la muerte, sentir el dolor del sufrimiento, y no olvidarlo nunca! Como cristianos, no podemos volver la espalda a este capítulo de la historia. Desecharlo como un problema que no nos afecta es sembrar las semillas de la apatía que permitirían que el genocidio volviera a ocurrir. Justificarlo con el argumento de que los judíos lo merecían por haber crucificado a Jesús es totalmente anticristiano.

El exterminio es central en el pensamiento de cada judío en el mundo. El holocausto es un recordatorio del intenso aborrecimiento contra los judíos que ha existido a lo largo de la historia. Aunque el exterminio está en el pasado, el antisemitismo permanece. Los judíos tienen ahora su propia nación y poseen la tercera fuerza militar más poderosa del mundo. Pero no están a salvo. Están rodeados de vecinos hostiles dedicados a su total extinción. Es esta clase de hostilidad, tan palpable durante el holocausto, lo que preparará el escenario para la batalla final: Armagedón.

El nacimiento del Israel moderno

Cuando conocí a Menachem Begin en Blair House, parecía más bien un bondadoso abuelo. Sus suaves maneras no dejaban traslucir su historia como dirigente de la resistencia que mediante actos terroristas quebrantó la voluntad de los británicos en Palestina y abrió el camino para el establecimiento del Estado Judío. Begin era natural de Brest-Litovsk en Polonia. Antes de la guerra había más de treinta mil judíos en aquella ciudad; en 1944 sólo quedaban diez. Begin fue arrestado por los soviéticos durante la guerra y fue enviado a una prisión cerca del Círculo Ártico. Tras ser liberado, fue andando a través de Asia hasta Palestina y fundó el Irgún, un movimiento de resistencia.[5] El Irgún fue responsable de la voladura de varios edificios gubernamentales. El 22 de julio de 1946, Begin fue responsable de la explosión de una bomba en el Hotel Rey David que causó la muerte de británicos, árabes y judíos.

Al año siguiente, las Naciones Unidas votaron la partición de Palestina en dos estados, uno judío y otro árabe. El 14 de mayo de 1948 se estableció oficialmente el Estado de Israel. David Ben-Gurión, que vino a ser el primero de los primeros ministros de la nación, leyó el Rollo de Independencia en el Museo de Tel Aviv: «En virtud de nuestro derecho nacional e intrínseco y en base de la resolución de la Asamblea General de las Naciones Unidas, declaramos ahora el establecimiento de un Estado Judío en Palestina, que será conocido como el Estado de Israel.»[6] La respuesta árabe fue declarar la guerra a Israel, pero la nación sobrevivió. Israel expandió su territorio durante la Guerra de los Seis Días en 1967. Inicialmente, la mitad de Jerusalén estaba bajo control árabe, y la otra mitad bajo control judío. Después de la Guerra de los Seis Días, Jerusalén quedó bajo el exclusivo control judío y así ha permanecido hasta hoy.

EL RECOGIMIENTO DE ISRAEL A LA TIERRA

Israel existe hoy como una nación entre las naciones. Por primera vez desde el siglo I d.C., los judíos poseen la tierra de Palestina. Subsistieron durante más de 1.900 años en pueblos y ciudades por todo el mundo. Soportaron persecuciones, hostigamientos, cárceles y muerte. Fueron errantes por la tierra como nómadas, sin un lugar que poder considerar propio. Pero todo esto ha cambiado. Desde aquellos mismos remotos pueblos y ciudades han vuelto a la tierra: persona a persona, familia a familia. Su presencia en la tierra en la actualidad es nada menos que un milagro moderno. Es un milagro claramente predicho en la Biblia y está estrechamente asociado con la venida de Jesucristo y con el fin del mundo.

Predicciones en la Biblia

> Asimismo acontecerá en aquel tiempo, que Jehová alzará otra vez su mano para recobrar el remanente de su pueblo que aún quede en Asiria, Egipto, Patros, Etiopía, Elam, Sinar y Hamat, y en las costas del mar.

> *Y levantará pendón a las naciones,*
> *y juntará los desterrados de Israel,*
> *y reunirá los esparcidos de Judá*
> *de los cuatro confines de la tierra.*
> *Isaías 11:11-12*

En este capítulo el profeta está describiendo el futuro reino milenario. Comienza declarando que un descendiente de David (v. 1) juzgará la tierra entera (v. 4). Será un tiempo de paz y de armonía. «Morará el lobo con el cordero» (v. 6), y «la vaca y la osa pacerán» (v. 7). Toda la tierra «estará llena del conocimiento de Jehová» (v. 9). Todas esas profecías siguen esperando su cumplimiento.

Junto con esas predicciones, el profeta predijo también el recogimiento del pueblo judío en la tierra. Serían recogidos «de los cuatro confines de la tierra» (v. 12). Observemos que este recogimiento no iba a ser el primero de tales acontecimientos, sino más bien «otra vez», o, como se traduce en la Versión Moderna, «la segunda vez». Ya sabemos acerca del primer recogimiento. Después de setenta años en el exilio, los judíos regresaron a la tierra conducidos por Zorobabel, Esdras y Nehemías. Reconstruyeron Jerusalén y las murallas de la ciudad. Isaías había predicho esos acontecimientos y declaró que estarían relacionados con la esperanza última de la venida del Mesías a sentarse en el trono de David para gobernar el mundo. Hasta 1949, esta perspectiva era una imposibilidad, pero ya no lo es.

Dos etapas: Física y espiritual

> Me dijo luego: Hijo de hombre, todos estos huesos son la casa de Israel. He aquí, ellos dicen: Nuestros huesos se secaron, y pereció nuestra esperanza, y somos del todo destruidos. Por tanto, profetiza, y diles: Así ha dicho Jehová el Señor: He aquí yo abro vuestros sepulcros, pueblo mío, y os haré subir de vuestras sepulturas, y os traeré a la tierra de Israel. Y sabréis que yo soy Jehová, cuando abra vuestros sepulcros, y os saque de vuestras sepulturas, pueblo mío. Y pondré mi Espíritu en vosotros, y viviréis, y os haré reposar sobre vuestra tierra; y sabréis que yo Jehová hablé, y lo hice, dice Jehová.
>
> *Ezequiel 37:11-14*

Esos versículos proceden del relato de la visión de Ezequiel del valle de los huesos secos. Dios muestra el valle a Ezequiel y le hace esta pregunta: «Hijo de hombre: ¿vivirán estos huesos?» (v. 3). Luego se manda a Ezequiel que profetice y que hable a los huesos para que vivan. Mientras él predica, los huesos vienen a la vida en dos etapas. Primero, hay un «ruido» (v. 7). Los huesos se unen y se cubren de tendones, carne y piel. En segundo lugar: «Entró espíritu en ellos, y vivieron, y estuvieron sobre sus pies; un ejército grande en extremo».

Los huesos representan «la casa de Israel» entera (v. 11). Mientras yacen en el valle, representan a la nación de Israel esparcida por el mundo. Están sin esperanza y «cortados» de la tierra. Pero Dios cambiará un día su condición. El cambio tendrá lugar en dos etapas. Primero, los judíos serán recogidos físicamente a la tierra. Dios promete: «Os traeré a la tierra de Israel» (v. 12). Esto se simboliza con la reunión de los huesos y su cubrimiento con tendones, carne y piel. Segundo, cuando los judíos regresen a la tierra experimentarán un renacimiento espiritual. Dice Dios: «Pondré mi Espíritu en vosotros, y viviréis, y os haré reposar sobre vuestra tierra» (v. 14).

En la actualidad, Israel está viviendo entre estas dos etapas. Han sido recogidos a la tierra, pero viven en ella en incredulidad. Un día, cuando Jesús regrese, todo Israel será salvo (Romanos 9:25-27). En preparación de aquel día, Israel pasará primero por un tiempo de gran tribulación y angustia. La hostilidad contra los judíos irá en aumento. Una gran alianza militar les declarará la guerra. Se encontrarán al borde mismo de la extinción. Pero entonces vendrá Jesús y derrotará esos ejércitos en la batalla de Armagedón y establecerá su reino en Israel. En aquel día, dice Dios, «les daré un corazón, y un espíritu nuevo pondré dentro de ellos; y quitaré el corazón de piedra de en medio de su carne, y les daré un corazón de carne, para que … me sean por pueblo, y yo sea a ellos por Dios» (Ezequiel 11:19-20).

La necesidad del recogimiento

Todos los acontecimientos que giran en torno a la venida de Jesús a la tierra y al fin del mundo exigen que Israel exista como nación en la tierra de Palestina. En capítulos futuros trataremos acerca de estos acontecimientos de manera detallada, incluyendo lo siguiente:

- Un tiempo de tribulación
- Un tratado de paz con Israel
- Conflicto árabe-israelí
- La reconstrucción del templo
- La batalla de Armagedón
- La venida de Jesús para reinar en el trono de David
- El establecimiento del reino de Cristo centrado en Jerusalén

Ninguno de esos acontecimientos sería posible si los judíos estuviesen dispersados entre las naciones y sin patria. La situación geopolítica durante los tiempos del fin exige la existencia de Israel como nación. El regreso de Israel a la tierra es el acontecimiento profético *más significativo* desde el primer siglo de nuestra era.

Algunos eruditos bíblicos creen que el renacimiento de Israel en 1948 señala el comienzo de la generación terminal: la generación que vivirá para ver la venida de Jesús. Esto se basa en las palabras de Jesús en el discurso del Olivete (Mateo 24—25). En este discurso, Jesús se refiere a las «señales» que acompañarán a su segunda venida a la tierra. Habla de guerras, hambres y terremotos (24:6-7); acerca de la persecución de los cristianos (v. 9); acerca de falsos cristos y de la predicación del evangelio a todo el mundo (vv. 11-13); acerca de la abominación de la desolación en el templo (vv. 15-16); y acerca de la angustia en Palestina (vv. 20-22).

Jesús dice a sus discípulos que observen la higuera. Cuando las hojas brotan, el verano está cerca; esto es, cuando vemos que esos acontecimientos comienzan a ocurrir, sabremos que el fin está cercano. Algunos eruditos piensan que la higuera representa el recogimiento de Israel. Tanto si esto es así como si no, está claro por la enseñanza de Jesús que Israel habitará en la tierra antes de su segunda venida. Luego Jesús dice esto:

> De cierto os digo, que no pasará esta generación hasta que
> todo esto acontezca.
>
> *Mateo 24:34*

Si la higuera representa a Israel y su recogimiento en la tierra, entonces la generación que vea este acontecimiento «no pasará hasta que todo esto acontezca». Por consiguiente, algunos señalan 1948 como el comienzo de la última generación que vivirá antes del regreso de Jesús. Aunque ésta es una posible interpretación del texto, no es en absoluto la única. Algunos creen que esta predicción se cumplió en las vidas de los apóstoles que vivieron para ver la destrucción de Jerusalén en el 70 d.C. Otros piensan que se refiere a la supervivencia del pueblo judío (esto es, la palabra *generación* es tomada en su significado de «raza»). Desde este punto de vista, los judíos no llegarán a extinguirse, sino que vivirán para ver el cumplimiento de esas cosas.

Sea cual sea la interpretación correcta, hay una cosa perfectamente clara: Israel está de vuelta a la tierra, y éste es uno de los principales acontecimientos que señalan el fin de mundo. Los judíos han sido recogidos por segunda vez. Soportarán un tiempo de sufrimiento (la tribulación) que de nuevo los llevará a su redención (el regreso del Mesías para establecer el reino). Lo que era considerado como imposible hace poco más que medio siglo es ahora una realidad. Desconocemos cuánto tiempo estarán en la tierra antes que Jesús venga. Pero sabemos que antes que él venga ellos deben estar en posesión de la tierra, ¡y lo están! A la luz de este hecho, las palabras de Jesús deberían adquirir un nuevo significado.

> Cuando estas cosas comiencen a suceder, erguíos y levantad vuestra cabeza, porque vuestra redención está cerca.
>
> *Lucas 21:28*

NOTAS

1. Paul Johnson, *A History of the Jews* (Nueva York: Harper & Row, 1987), 3.
2. *Ibid.*, 4.
3. *Ibid.*, 519.
4. Eva Fleischner, ed. *Auschwitz: Beginning of a New Era? Reflections of the Holocaust* (Nueva York: Ktav Publishing House, 1977), 9-10.
5. Véase Johnson, *A History of the Jews*, 522-25.
6. *Ibid.*, 527.

Capítulo 4

EL FIN DEL MUNDO SEGÚN DANIEL

Aunque Israel será el centro de atención hacia el fin del mundo, Dios tiene también un programa específico para el resto de las naciones. Su plan para las naciones no judías es bosquejado muy claramente en las Escrituras proféticas. El profeta Daniel da la más concisa perspectiva general de la situación política que existirá antes de la segunda venida de Jesucristo. Casi todos los estudiosos de la profecía concuerdan en que las profecías de Daniel son las más importantes en todo el Antiguo Testamento por lo que respecta al tiempo del fin. También están entre las más difíciles de discernir y comprender.

Siempre que pienso en esas complejas profecías, recuerdo lo que sucedió hace varios años un Día de Acción de Gracias. Mi madre y mi padre habían venido a celebrar la fiesta con nosotros, y después de la comida invité a mi padre a jugar al golf. Me dijo: «Sabes, siempre he querido jugar al golf. Nunca he jugado al golf en mi vida, y me encantaría hacerlo.» Le conseguí un par de zapatillas deportivas y le dejé el juego de palos de mi hijo.

Nunca olvidaré el primer agujero que hicimos. Puse la bola en el suelo, escogí un mallo del tres y golpeé la bola … y fue hasta el otro extremo del siguiente *fairway* (campo abierto). Mi padre se puso en pie y se ajustó la gorra. Le enseñé cómo sostener el palo. Puso la bola, blandió el palo, y le dio a la bola en la parte superior. Fue a una distancia de algo más de un metro. Le dije: «Papá, no te preocupes. Es un deporte difícil. Toma otra bola y vuelve a probar.» Así que puso otra bola, se ajustó la gorra, blandió el palo … ¡y falló completamente el golpe, sin tocar siquiera la bola! Me miró, me guiñó el ojo y me dijo: «Éste sí que es un campo difícil.»[1]

Así me siento yo acerca de la sección profética del libro de Daniel. Es un campo bastante difícil: muchos riesgos, trampas de arena, bosquecillos, *fairways* estrechos y *greens* difíciles. Pero voy a golpear con un bastón y espero mantenerme razonablemente dentro del objetivo.[2]

UNA ESTATUA SOBRECOGEDORA

El Rey Nabucodonosor de Babilonia tuvo un sueño perturbador e intranquilizador (véase Daniel 2:24-49). Hizo llamar entonces a sus sabios y los puso a prueba. «Bien, vosotros sois sabios: entonces tenéis que hacer dos cosas», dijo: «Primero, tenéis que decirme cuál es mi sueño; no os lo voy a contar: vosotros me lo tenéis que contar a mí. Luego, segundo, después que me hayáis contado mi sueño, tendréis que darme la interpretación.»

Esto estaba más allá de las posibilidades de los sabios. Le respondieron entonces: «Rey Nabucodonosor, ningún rey por grande o poderoso que fuese ha hecho jamás una petición así. ¡Esto es imposible!» Nabucodonosor contestó: «Imposible o no, lo tenéis que hacer, u os haré descuartizar.» No podían hacerlo, de modo que se fijó la fecha para su ejecución.

Daniel era uno de los sabios, pero aparentemente no había estado presente cuando el rey había pronunciado su ultimátum. Los guardas del rey llegaron para matar a Daniel, el cual preguntó: «¿Por qué se ha promulgado este decreto?» Entonces le explicaron la razón a Daniel. Éste reunió a sus amigos para una reunión de oración, y Dios respondió a su oración. Dios reveló el sueño y la interpretación del mismo. Daniel compareció entonces ante el rey para revelarle el sueño y también darle la interpretación.

«Hay un Dios en el cielo»

> Daniel respondió delante del rey, diciendo: El misterio que el rey demanda, ni sabios, ni astrólogos, ni magos, ni adivinos lo pueden revelar al rey. Pero hay un Dios en los cielos, el cual revela los misterios, y él ha hecho saber al rey Nabucodonosor lo que ha de acontecer en los postreros días. He aquí tu sueño, y las visiones que has tenido en tu cama: …
>
> *Daniel 2:27-28*

Los sabios habían admitido que no podrían referirle su sueño. Además, dijeron que el problema estaba incluso fuera de las posibilidades de sus dioses. «No hay quien lo pueda declarar al rey, salvo los dioses cuya morada no es con la carne» (v. 11). Pero lo que los sabios y sus dioses no podían hacer, Daniel y su Dios lo hicieron. Y Daniel dio al crédito a quien correspondía: «Pero hay un Dios en los cielos.»

El sueño

> Tú, oh rey, veías, y he aquí una gran imagen. Esta imagen, que era muy grande, y cuya gloria era muy sublime, estaba en pie delante de ti, y su aspecto era terrible. La cabeza de esta imagen era de oro fino; su pecho y sus brazos, de plata; su vientre y sus muslos, de bronce; sus piernas, de hierro; sus pies, en parte de hierro y en parte de barro cocido. Estabas mirando, hasta que una piedra fue cortada, no con mano, e hirió a la imagen en sus pies de hierro y de barro cocido, y los desmenuzó. Entonces fueron desmenuzados también el hierro, el barro cocido, el bronce, la plata y el oro, y fueron como tamo de las eras de verano, y se los llevó el viento sin que de ellos quedara rastro alguno. Mas la piedra que hirió a la imagen fue hecha un gran monte que llenó toda la tierra.
>
> *Daniel 2:31-35*

Mientras consideramos el significado de este sueño, debemos tener en cuenta tres observaciones preliminares. Primero, de la cabeza de la estatua hasta los pies se va deteriorando la calidad de los materiales: oro, plata, bronce, hierro, barro. Segundo, al deteriorarse la calidad, aumenta la fuerza. Tercero, las varias partes de la estatua representan poderes mundiales y su influencia en la historia de la humanidad.

1. *La cabeza de oro*

> Este es el sueño; también la interpretación de él diremos en presencia del rey. Tú, oh rey, eres rey de reyes; porque el Dios del cielo te ha dado reino, poder, fuerza y majestad. Y dondequiera que habitan hijos de hombres, bestias del campo y aves del cielo, él los ha entregado en tu mano, y te ha dado el dominio sobre todo. Tú eres aquella cabeza de oro.
>
> *Daniel 2:36-38*

La cabeza de oro representa a Nabucodonosor y el Imperio Babilónico. Los babilonios eran conocidos por su amor al oro. Nabucodonosor quiso edificar Babilonia como una ciudad de oro. Gobernaba desde un trono de oro. Levantó una estatua de oro que se levantaba a 27 metros (95 pies) de altura y que medía 2,7 metros (9 pies) de anchura. Herodoto, que visitó Babilonia setenta años después de la muerte de Nabucodonosor, observó que nunca había visto tanta abundancia de oro como la que vio allí.

Cada año, Babilonia celebraba la venida del año nuevo con grandes festejos. Nabucodonosor y los reyes que le siguieron eran escoltados y sentados en un trono de oro. La corte leía la antigua épica de la creación tal como había sido escrita por los babilonios. Honraban a Marduk, su creador y dios. Entonces adoraban al rey como representante terrenal de Marduk. Declaraban que el rey gobernaba no sólo sobre los pueblos, sino sobre los animales y las aves y toda la creación, palabras de las que se hace eco Daniel en su salutación a Nabucodonosor.

2. *El pecho y los brazos de plata*

> Y después de ti se levantará otro reino inferior al tuyo.
>
> *Daniel 2:39*

Es muy poco lo que se dice en el texto acerca del segundo imperio, pero casi todos los eruditos bíblicos concuerdan en que se refiere al Imperio Medo-Persa, que tomó el lugar del Imperio Babilónico. La palabra para plata en arameo es también la palabra para tributos. Los medo-persas se hicieron conocer por su sistematización de los tributos. Todos los tributos se pagaban en plata (a diferencia del Imperio Babilónico, donde los tributos se pagaban en oro). De modo que la plata representa al segundo poder mundial que surgiría y dominaría.

3. *El vientre y los muslos*

> Y luego un tercer reino de bronce, el cual dominará sobre toda la tierra.
>
> *Daniel 2:39*

El tercer reino fue el Imperio Griego. Si estuviéramos viviendo algunos de esos acontecimientos, comprenderíamos en seguida el sentido de esos detalles proféticos. Un soldado medo-persa iba vestido con un turbante de ropa y una túnica superior de ropa con mangas largas y pantalones. Pero un soldado griego llevaba un casco de bronce, una coraza de bronce, un escudo de bronce y una espada de bronce.

4. *Piernas y pies de hierro*

> Y el cuarto reino será fuerte como hierro; y como el hierro desmenuza y rompe todas las cosas, desmenuzará y quebrantará todo. Y lo que viste de los pies y los dedos, en parte de barro cocido de alfarero y en parte de hierro, será un reino dividido; mas habrá en él algo de la fuerza del hierro, así como viste hierro mezclado con barro cocido. Y por ser los dedos de los pies en parte de hierro y en parte de barro cocido, el reino será en parte fuerte, y en parte frágil. Así como viste el hierro mezclado con barro, se mezclarán por medio de alianzas humanas; pero no se unirán el uno con el otro, como el hierro no se mezcla con el barro.
>
> *Daniel 2:40-43*

El cuarto reino representa el Imperio Romano, y Daniel trata acerca del mismo con mayor extensión que los otros. El hierro describe el disciplinado régimen de los soldados romanos que conquistarían el mundo conocido. La estatua describe varios rasgos característicos del Imperio Romano.

Primero, parecía poseer dos dimensiones. Las piernas estaban hechas de hierro puro, pero los dedos y pies estaban hechos de barro cocido y hierro. Sin embargo, todo ello formaba parte de un imperio.

Segundo, los pies son singulares. Los pies estaban compuestos de una mezcla de barro cocido y de hierro, dos componentes que no se combinan para constituir una sola sustancia. Esto implicaría una unión en la que los componentes mantienen identidades separadas.

Tercero, esta mezcla puede implicar una especie de cooperación política o económica. Al mismo tiempo se mantendrían las identidades nacionales y culturales. Será un imperio, pero estará dividido.

La piedra desmenuza los pies

> Y en los días de estos reyes el Dios de cielo levantará un reino que no será jamás destruido, ni será el reino dejado a

otro pueblo; desmenuzará y consumirá a todos estos reinos,
pero él permanecerá para siempre, de la manera que viste
que del monte fue cortada una piedra, no con mano, la cual
desmenuzó el hierro, el bronce, el barro, la plata y el oro.

Daniel 2:44-45

De modo que vemos que en el curso de la historia humana han
surgido esas cuatro grandes potencias mundiales: Babilonia, Medo-
Persia, Grecia y Roma. Pero en algún momento Dios intervendrá en
la historia y aplastará todos los anteriores imperios mundiales. Él
establecerá un reino suyo, después de lo cual no habrá más reinos
humanos.

1. *La piedra rechazada*

> *La piedra que desecharon los edificadores*
> *ha venido a ser cabeza del ángulo;*
> *de parte de Jehová es esto,*
> *y es cosa maravillosa a nuestros ojos.*

Salmo 118:22-23

¿Quién es esta piedra? Esos versículos se citan dos veces en el
Nuevo Testamento, y las dos veces la piedra es identificada como
Jesucristo. Primero, Jesús aplica esta profecía a sí mismo.

> Pero él, mirándolos, dijo: ¿Qué, pues, es lo que está escrito:
> *La piedra que desecharon los edificadores*
> *ha venido a ser cabeza del ángulo?*

Lucas 20:17

Segundo, Pedro aplica este versículo a Jesús en un discurso ante
el sanedrín:

> Sea notorio a todos vosotros, y a todo el pueblo de Israel,
> que en el nombre de Jesucristo de Nazaret, a quien vosotros
> crucificasteis y a quien Dios resucitó de los muertos, por él
> este hombre está en vuestra presencia sano. Este Jesús es
> *la piedra reprobada por vosotros los edificadores,*
> *la cual ha venido a ser cabeza del ángulo.*

Hechos 4:10

2. *La piedra del ángulo*

Por tanto, Jehová el Señor dice así:
> *He aquí que yo he puesto en Sión*
> *por fundamento una piedra,*
> *piedra probada, angular, preciosa,*
> *de cimiento estable;*
> *el que creyere, no se apresure.*
> *Isaías 28:16*

Lo mismo que en el primer caso, la trascendencia de esta segunda referencia del Antiguo Testamento a una piedra se revela en el Nuevo Testamento. La piedra se refiere a Jesucristo. Pablo afirma esto en Romanos 9:33, y Pedro dice lo mismo en 1 Pedro 2:6-7:

Como está escrito:
> *He aquí, pongo en Sion piedra de*
> *tropiezo y roca de caída;*
> *y el que creyere en él, no será avergonzado.*

Para vosotros, pues, los que creéis, él es precioso; pero para los que no creen,
> *la piedra que los edificadores desecharon,*
> *ha venido a ser la cabeza del ángulo.*

Se puede concluir con seguridad que la piedra mencionada en Daniel se refiere a Jesucristo, porque las otras dos declaraciones proféticas acerca de una piedra en el Antiguo Testamento se refieren a él.

Así, ¿cuál es el significado de la piedra para el sueño de Nabucodonosor? Los eruditos conservadores están de acuerdo en que el sueño representa el surgimiento y la caída de imperios humanos. Representa la venida de Jesucristo, la piedra viviente, para establecer su reino sobre la tierra. En el sueño, la venida de Cristo está vinculada al Imperio Romano.

Las piernas de hierro y los pies de barro cocido y de hierro pueden representar dos etapas de la influencia del Imperio Romano. La primera es una época de pureza y fortaleza; la segunda, una renovada coalición de pueblos, naciones y gentes en una endeble asociación política similar al Imperio Romano tal como existía hace siglos.

De modo que podemos decir que hace mucho más de dos mil años Dios predijo el surgimiento y la caída de imperios mundiales principales y la final venida de Jesús en el fin del mundo para establecer su reino.

LAS CUATRO BESTIAS

Otro pasaje profético trata de la visión de Daniel de las cuatro bestias (véase Daniel 7:1-28).

En el primer año que Belsasar, nieto de Nabucodonosor, era rey de Babilonia, Daniel tuvo una visión mientras yacía en su cama.

> Miraba yo en mi visión de noche, y he aquí que los cuatro vientos del cielo combatían en el gran mar. Y cuatro bestias grandes, diferentes la una de la otra, subían del mar.
>
> *Daniel 7:2-3*

El viento y el mar tienen sentidos simbólicos en otros lugares de las Escrituras.

1. *El viento.*

A través de la Biblia, el viento es símbolo del poder y de la soberanía de Dios. A menudo representa a Dios obrando en los acontecimientos de la historia humana.

> Y se acordó Dios de Noé, y de todos los animales, y de todas las bestias que estaban con él en el arca; e hizo pasar Dios un viento sobre la tierra, y disminuyeron las aguas.
>
> *Génesis 8:1*

Dios protegió del gran Diluvio a Noé, a su familia y a los animales mientras el resto del mundo era destruido. Dios hizo entonces que soplase un viento para que las aguas del Diluvio se retirasen. Este viento representa el movimiento de Dios.

> Y extendió Moisés su vara sobre la tierra de Egipto, y Jehová trajo un viento oriental sobre el país todo aquel día y toda aquella noche; y al venir la mañana el viento oriental trajo la langosta…
>
> Y salió Moisés de delante de Faraón, y oró a Jehová. Entonces Jehová trajo un fortísimo viento occidental, y quitó

la langosta y la arrojó en el Mar Rojo; ni una langosta quedó en todo el país de Egipto.

Éxodo 10:13, 18-19

Dios empleó el viento para conseguir un propósito específico. Fue una demostración tangible de su poder y soberanía en los acontecimientos de los pueblos y de las naciones.

2. *El mar.*

El segundo símbolo en esta visión, en las páginas de la Biblia, representa a menudo a la humanidad.

> *¡Ay! multitud de muchos pueblos*
> *que hará ruido como estruendo del mar,*
> *y murmullo de naciones*
> *que harán alboroto como bramido de muchas aguas.*
> *Los pueblos harán estrépito como de ruido de muchas*
> *aguas;*
> *pero Dios los reprenderá, y huirán lejos;*
> *serán ahuyentados como el tamo de los montes delante del*
> *viento,*
> *y como el polvo delante del torbellino.*
>
> *Isaías 17:12-13*

Observemos que en esos versículos se emplean ambos símbolos. Las naciones son representadas mediante el mar, y la actividad de Dios es representada mediante el viento.

3. *Las cuatro bestias.*

Las bestias en la visión de Daniel representan el surgimiento de cuatro diferentes imperios mundiales. Cuando reunimos todos estos símbolos, obtenemos un entendimiento preliminar del sueño de Daniel: Dios se mueve (el viento) en los acontecimientos de la humanidad (el mar) para hacer surgir cuatro reinos distintos (cuatro bestias).

L O L B

Las cuatro bestias, que representan cuatro reinos, son identificadas como un león, un oso, un leopardo y una bestia que no se parecía a ningún ser que Daniel conociera.

1. *El león* (Imperio Babilónico)

   La primera era como león, y tenía alas de águila. Yo estaba mirando hasta que sus alas fueron arrancadas, y fue levantada del suelo y se puso enhiesta sobre los pies a manera de hombre, y le fue dado corazón de hombre.

   Daniel 7:4

2. *El oso* (Imperio Medo-Persa)

   Y he aquí otra segunda bestia, semejante a un oso, la cual se alzaba de un costado más que del otro, y tenía en su boca tres costillas entre los dientes; y le fue dicho así: Levántate, devora mucha carne.

   Daniel 7:5

3. *El leopardo* (Imperio Griego)

   Después de esto miré, y he aquí otra, semejante a un leopardo, con cuatro alas de ave en sus espaldas; tenía también esta bestia cuatro cabezas; y le fue dado dominio.

   Daniel 7:6

4. *La bestia innominada* (Imperio Romano)

   Después de esto miraba yo en las visiones de la noche, y he aquí la cuarta bestia, espantosa y terrible y en gran manera fuerte, la cual tenía unos dientes grandes de hierro; devoraba y desmenuzaba, y las sobras hollaba con sus pies, y era muy diferente de todas las bestias que vi antes de ella, y tenía diez cuernos.

   Daniel 7:7-8

Las descripciones de estos reinos son similares a las descripciones del sueño de Nabucodonosor que se da en Daniel 2. En estas dos visiones generales de la historia, la mayor atención la recibe el último imperio: el Imperio Romano.

El cuarto imperio

Los extensos detalles que se dan acerca de la cuarta bestia no son fáciles de comprender ni de interpretar.

Entonces tuve deseo de saber la verdad acerca de la cuarta bestia, que era tan diferente de todas las otras, espantosa en gran manera, que tenía dientes de hierro y uñas de bronce, que devoraba y desmenuzaba, y las sobras hollaba con sus pies; asimismo acerca de los diez cuernos que tenía en su cabeza, y del otro que le había salido, delante del cual habían caído tres; y este mismo cuerno tenía ojos, y boca que hablaba grandes cosas, y parecía más grande que sus compañeros. Y veía yo que este cuerno hacía guerra contra los santos, y los vencía, hasta que vino el Anciano de días, y se dio el juicio a los santos del Altísimo; y llegó el tiempo, y los santos recibieron el reino.

Daniel 7:19-22

Este es un extraño lenguaje. Aquí tenemos un extraño animal que inicialmente impone su dominio sobre todo el mundo. De este animal surgen diez cuernos. Luego surge un undécimo cuerno y tres de los cuernos le dan su adhesión. También se opone a los santos y los persigue. Entonces el Anciano de días pronuncia sentencia en favor de los santos. ¿Qué significa todo esto? La explicación, tal como la da Daniel, puede comprenderse mejor como una serie de etapas (vv. 23-27).

Etapa 1

Dijo así: La cuarta bestia será un cuarto reino en la tierra, el cual será diferente de todos los otros reinos, y a toda la tierra devorará, trillará y despedazará.

Daniel 7:23

Ésta es la etapa inaugural del Imperio Romano. Después del derrumbamiento uno por uno de los imperios Babilonio, Medo-Persa y Griego, vendrá otro poder mundial. Este poder se expandirá por todo el mundo civilizado conocido hasta que lo tenga todo bajo su control.

Etapa 2

Y los diez cuernos significan que de aquel reino se levantarán diez reyes.

Daniel 7:24

Hay aparentemente una fase inicial de la dominación del mundo por parte del Imperio Romano. Esos diez cuernos, que representan a diez reyes, son muy probablemente una segunda fase del imperio. La Biblia no afirma cuándo esto ocurrirá —si inmediatamente después de que el imperio alcance la hegemonía, o si un largo tiempo después:—sólo que habrá dos etapas de dominio. La segunda fase implicará una coalición, lo que implicará una alineación política o económica de estados o países. Serán diez, y se encontrarán dentro de los límites del Imperio Romano original.

Etapa 3

> Y tras ellos se levantará otro, el cual será diferente de los primeros, y a tres reyes derribará. Y hablará palabras contra el Altísimo, y a los santos del Altísimo quebrantará, y pensará en cambiar los tiempos y la ley; y serán entregados en su mano hasta tiempo, y tiempos, y medio tiempo.
>
> *Daniel 7:24-25*

Este rey es representado por el undécimo cuerno, y en base de la descripción de Daniel, creo que es una referencia al surgimiento del anticristo.

1. *«Hablará palabras contra el Altísimo»*

La idea subyacente en esta declaración es que esta persona intentará elevarse a la posición de Dios Altísimo. No sólo se opondrá a Dios, sino que intentará llegar a ser Dios. Esto es exactamente lo que el Nuevo Testamento predice acerca del venidero anticristo.

> Nadie os engañe en ninguna manera; porque no vendrá [aquel día] sin que antes venga la apostasía, y se manifieste el hombre de pecado, el hijo de perdición, el cual se opone y se levanta contra todo lo que se llama Dios o es objeto de culto; tanto que se sienta en el templo de Dios como Dios, haciéndose pasar por Dios.
>
> *2 Tesalonicenses 2:3-4*

2. *Oprimirá a los santos de Dios*

El verbo que se emplea en esta frase significa «desgastar». Significa hostigar, perseguir u oponer.

3. «*Pensará en cambiar los tiempos y la ley*»

Esta declaración se refiere muy probablemente al cambio de las leyes naturales, civiles y morales. Es interesante observar que el Nuevo Testamento llama al anticristo «hombre de pecado» (2 Tesalonicenses 2:3).

4. Los santos «*serán entregados en sus manos*»

Esta persecución durará «tiempo, y tiempos, y medio tiempo» (v. 25). ¿Cuánto tiempo durará esto? La misma frase se emplea en Daniel 12:7 y se explica posteriormente en el versículo 11: «Habrá mil doscientos noventa días». Esos «tiempos» parecen ser tres años y medio. Muchos intérpretes creen que «tiempo» equivale a un año. «Tiempos» equivale a dos o más años. Aceptando «tiempos» como dos años, «tiempo, tiempos, y medio tiempo» serían tres años y medio.

Repasemos un momento. Daniel dice: «Querría saber algo más acerca de este último imperio mundial.» Aquí tenemos el escenario.

Con poder, fuerza y energía, Roma conquistará el mundo. De aquel imperio surgirá una coalición de diez reinos separados. Cuando esto suceda, surgirá un undécimo rey que forjará una alianza con tres reinos, de lo que finalmente llegará a un dominio mundial. Cuando llegue al dominio mundial, el rey emprenderá varias acciones. Primero, se proclamará como dios. Segundo, hostigará a los santos. Tercero, intentará cambiar las leyes. Cuarto, el pueblo de Israel le será entregado para que sean hostigados y perseguidos durante un período específico de tiempo: tres años y medio.

Si esto suena a deprimente, se debe a que lo es. Las buenas nuevas están todavía en el tintero.

LA VENIDA DE DIOS

> Pero se sentará el Juez, y le quitarán su dominio [al undécimo cuerno] para que sea destruido y arruinado hasta el fin, y que el reino, y el dominio y la majestad de los reinos debajo de todo el cielo, sea dado al pueblo de los santos del Altísimo, cuyo reino es reino eterno, y todos los dominios le servirán y obedecerán.
>
> *Daniel 7:26-27*

Esos versículos describen cómo Dios vendrá en juicio para arrebatar a la bestia su poder y establecer su propio reino y autoridad. Es preciso destacar varias características de la venida de Dios.

1. *Dios vendrá en juicio*
   El texto lo describe de esta manera: «Se sentará el Juez.»
2. *Vendrá a establecer su reino*
   Dios mismo, no ninguna otra persona, establecerá su reino.
3. *Su venida será dramática*
   Su venida será una intervención trascendental en la historia humana.
4. *Vendrá en victoria y triunfo*
   Los santos de Dios gobernarán un reino que impondrá obediencia a todos los gobernantes terrenales y que permanecerá para siempre.

LAS SETENTA SEMANAS

Aun hay otro pasaje profético en el libro de Daniel que trata acerca de las «setenta semanas». Muchos eruditos bíblicos concuerdan en que Daniel 9:24-27 contiene algunos de los versículos proféticos más significativos en todas las Escrituras. Y yo querría añadir que se trata también de algunos de los más difíciles y desconcertantes. La manera en que interpretemos estos versículos determina nuestra comprensión de los acontecimientos del fin del mundo, el tiempo y la forma de la segunda venida de Jesús, el papel de Israel en los acontecimientos futuros y, por fin, la relación entre Israel y la iglesia cristiana: si esta última es la extensión espiritual de la primera, o si se trata de instituciones separadas en la administración divina.

El decreto de la historia judía

> Setenta semanas están determinadas sobre tu pueblo y sobre tu santa ciudad, para terminar la prevaricación, y poner fin al pecado, y expiar la iniquidad, para traer la justicia perdurable, y sellar la visión y la profecía, y ungir al Santo de los santos.
>
> *Daniel 9:24*

El primer versículo de la profecía identifica un decreto acerca de la historia judía. Observemos tres cosas tocantes a este decreto:

1. *La duración en el tiempo*

La palabra hebrea traducida «semana» es un término que se emplea para designar una unidad de tiempo dividida en siete segmentos. La unidad podría ser la hora, el día, la semana, el mes, el año, lo que fuese. El texto se refiere a siete unidades de tiempo, «setenta "sietes".» Cada unidad está dividida en siete segmentos. Creo que estas unidades se corresponden con años. Si es así, el texto se está refiriendo a setenta unidades de siete años, o 490 años. Creo esto por dos razones. Primero, Daniel 9 comienza con una referencia a setenta años.

> En el año primero de Darío hijo de Asuero, de la nación de los medos, que vino a ser rey sobre el reino de los caldeos, en el año primero de su reinado, yo Daniel miré atentamente en los libros el número de los años de que habló Jehová al profeta Jeremías, que habían de cumplirse las desolaciones de Jerusalén en setenta años.
>
> *Daniel 9:1-2*

Esta es una declaración literal, y tendría sentido llevar esta interpretación literal hasta el final del capítulo, y concluir que el segundo «setenta» también se refiere a años. En segundo lugar, los judíos estaban acostumbrados al concepto de una «semana de años» o siete años. En tiempos anteriores habían observado el año sabático, el año séptimo.

2. *El pueblo involucrado*

El pueblo incluido en este decreto es «tu pueblo» y «tu santa ciudad» (v. 24). El pueblo de Daniel eran los judíos; su santa ciudad era Jerusalén. Esta situación representa un significativo giro en el enfoque de las profecías de Daniel. Todas sus anteriores profecías habían tratado acerca de los gentiles, no de los judíos.

3. *El programa de Dios*

Se da una lista de seis cosas que Dios va a llevar a cabo durante este período de 490 años. Las tres primeras se cumplieron en la primera venida de Cristo, cuando Él padeció, murió y resucitó. Las últimas tres serán cumplidas cuando Cristo vuelva por segunda vez. Esas seis actividades son como sigue:

- Terminar la prevaricación.
- Poner fin al pecado.
- Expiar la iniquidad.
- Traer la justicia perdurable.
- Sellar la visión y la profecía (es decir, cerrar las páginas de la historia humana).
- Ungir al Santo de los santos (consagrar el templo).

Dios dijo al profeta: «Voy a revelarte mi programa, que incluirá 490 años. Este programa ha sido extraído de la historia humana. Tiene que ver específicamente con Israel y Jerusalén. Durante este período de tiempo, esas setenta semanas, sucederán seis cosas. Las tres primeras tienen que ver con el pecado, y ya han acontecido. Las últimas tres, que introducen la justicia perdurable, la clausura de la historia humana y la consagración del templo, quedan por cumplir.»

Las divisiones de la historia judía

En los versículos 25-27 se identifican tres períodos de tiempo separados dentro de las «setenta "setenas"».

1. Siete «setenas» (v. 25) serían 7 x 7 años ó 49 años.
2. Sesenta y dos «setenas» (v. 25) serían 62 x 7 años ó 434 años.
3. Una «setena» (v. 27) sería 1 x 7 años ó 7 años.

De modo que el lapso de tiempo de 490 años se distribuye en tres períodos: 49 años, 434 años y 7 años. El texto indica que los dos primeros períodos de tiempo van juntos y tienen que ver con la reedificación de Jerusalén y la primera venida del Mesías.

Predicciones acerca del Mesías venidero

Sabe, pues, y entiende, que desde la salida de la orden para restaurar y edificar a Jerusalén hasta el Mesías Príncipe, habrá siete semanas, y sesenta y dos semanas; se volverá a edificar la plaza y el muro en tiempos angustiosos. Y después de las sesenta y dos semanas se quitará la vida al Mesías, mas no por sí.

Daniel 9:25-26

La primera predicción afirma que desde «la salida de la orden para restaurar y edificar a Jerusalén hasta el Mesías Príncipe» habrá un total de 483 años (49 años y 434 años). Para comprender esta predicción hemos de identificar el «decreto». Hubo en realidad tres decretos promulgados para impulsar la reconstrucción de Jerusalén al volver los judíos a la tierra de Palestina desde su exilio en Babilonia.

1. *El decreto de Ciro (538 a.C.)*

En el primer año de Ciro rey de Persia, para que se cumpliese la palabra de Jehová por boca de Jeremías, despertó

Jehová el espíritu de Ciro rey de Persia, el cual hizo prego-
nar de palabra y también por escrito por todo su reino, diciendo: Así ha dicho Ciro rey de Persia: Jehová el Dios de
los cielos me ha dado todos los reinos de la tierra, y me ha
mandado que le edifique casa en Jerusalén, que está en Judá.

Esdras 1:1-2

Este decreto tiene que ver con la reconstrucción del templo. Aunque los judíos también reconstruyeron sus casas y parte de la ciudad
de Jerusalén después de esto, la intención del decreto se limitaba a
la reconstrucción del templo.

2. *El decreto de Artajerjes (458 a.C.)*

Esta es la copia de la carta que dio el rey Artajerjes al sacerdote Esdras, escriba versado en los mandamientos de Jehová
y en sus estatutos a Israel: … Comprarás, pues, diligente-
mente con este dinero becerros, carneros y corderos, con sus
ofrendas y sus libaciones, y los ofrecerás sobre el altar de la
casa de vuestro Dios, la cual está en Jerusalén.

Esdras 7:11, 17

3. *El decreto de Artajerjes (445 a.C.)*

Me dijo el rey: ¿Qué cosa pides? Entonces oré al Dios de
los cielos, y dije al rey: Si le place al rey, y tu siervo ha hallado gracia delante de ti, envíame a Judá, a la ciudad de los
sepulcros de mis padres, y la reedificaré. Entonces el rey me
dijo (y la reina estaba sentada junto a él): ¿Cuándo durará
tu viaje, y cuándo volverás? Y agradó al rey enviarme, después que yo le señalé tiempo.

Nehemías 2:4-6

El tercer decreto trata exclusivamente acerca de la reconstrucción
de la ciudad de Jerusalén, no del templo ni de su culto. Éste es con
toda probabilidad el decreto al que se hace referencia en la profecía
de Daniel 9:25. La fecha del decreto sería por tanto el 445 a.C. Desde esta fecha hasta el Mesías habría 483 años. Hablando con mayor
precisión, habría 483 años hasta que el Mesías fuese «cortado» y
«no tuviera nada» (v. 26; cp. RVR77 margen). En eso tenemos una

referencia a la muerte del Ungido y al hecho de que no establece un reino terrenal. Cuando avanzamos estos 483 años desde el 445 a.C., llegamos a la fecha del 38 d.C.

Esta cronología presenta un problema. Por cuanto Jesús murió cuando tenía treinta y tres años (33 d.C.), las fechas están desfasadas en cinco años. Sin embargo, esta aparente discrepancia puede resolverse. El calendario judío es diferente del calendario gregoriano en uso común en la actualidad. Nuestro calendario está estructurado en años solares de 365 días. Cuando calculamos la diferencia entre los calendarios y la cuantificamos en 69 semanas, llegamos al año 33 d.C. La predicción se ajusta al año exacto.

Esto resuelve los dos primeros períodos de tiempo. ¿Qué hacemos con la última «setena», la última semana?

La última semana

> Y el pueblo de un príncipe que ha de venir destruirá la ciudad y el santuario; y su fin será con inundación, y hasta el fin de la guerra durarán las devastaciones. Y por otra semana confirmará el pacto con muchos; a la mitad de la semana hará cesar el sacrificio y la ofrenda. Después con la muchedumbre de las abominaciones vendrá el desolador, hasta que venga la consumación, y lo que está determinado se derrame sobre el desolador.
>
> *Daniel 9:26-27*

¿Quién es el príncipe? No es Jesucristo. Él ya vino y fue «cortado» (v. 26). El hecho de que este pueblo destruirá la ciudad (Jerusalén) y el santuario (el templo) significa que son enemigos de Dios. ¿Podría por tanto el príncipe ser el anticristo? El resto de la predicción da apoyo a esta idea. El anticristo opera durante este último período de tiempo de siete años (v. 27). Si estos últimos siete años hubieran seguido de inmediato los primeros 69 períodos de tiempo, esto significaría que el anticristo hubiera estado en escena inmediatamente después de la muerte de Cristo. Pero desde nuestra perspectiva de la historia sabemos que no fue así. ¿Cuál es entonces el significado de esta predicción? Sugiero que entre las semanas sexagésimo novena y la septuagésima hay un paréntesis en la historia humana. Es un período que no se trata en la profecía. De hecho, es el período de tiempo en el que estamos viviendo ahora: la era de la iglesia.

Naturalmente, podríamos hacer la siguiente pregunta: «Si Dios sabía acerca de la iglesia, ¿por qué no la incluyó también en la profecía?» Esta es una pregunta legítima. La respuesta reside en comprender que el concepto de la iglesia fue un misterio a todo lo largo del Antiguo Testamento.

> Por esta causa yo Pablo, prisionero de Cristo Jesús por vosotros los gentiles; si es que habéis oído de la administración de la gracia de Dios que me fue dada para con vosotros; que por revelación me fue declarado el misterio, como antes lo he escrito brevemente, leyendo lo cual podéis entender cuál sea mi conocimiento en el misterio de Cristo, misterio que en otras generaciones no se dio a conocer a los hijos de los hombres, como ahora es revelado a sus santos apóstoles y profetas por el Espíritu: Que los gentiles son coherederos y miembros del mismo cuerpo, y copartícipes de la promesa en Cristo Jesús por medio del evangelio.
>
> *Efesios 3:1-6*

El misterio de la iglesia era algo que los hombres antes de la época del apóstol Pablo no comprendían. Daniel no lo comprendió ni los profetas Isaías y Jeremías. ¿Cuál era este misterio? Que habría un tiempo en los tratos de Dios con la humanidad en el que la distinción entre judío y gentil sería irrelevante. Dios extendería su gracia a todos: a judíos y gentiles por igual, a varón y a mujer, a esclavo y a libre. Juntos serían *todos* partícipes de Jesucristo. Todos serían uno en Cristo. Habría sido una violación de este misterio que Dios lo hubiera revelado claramente a Daniel en esta increíble profecía.

Dios le viene a decir a Daniel: «Voy a revelarte mi propósito para Israel y para Jerusalén. Voy a cortar de la historia 490 años para tratar con Israel y Jerusalén. Después de las primeras sesenta y nueve semanas, el Mesías será crucificado. Luego, volveré al fin del tiempo a mi pueblo Israel en la septuagésima semana. Vendrá el anticristo. Sucederán unas ciertas cosas, y entonces volveré en gloria.»

—Bien —responde Daniel—: ¿Y qué sucede en el intervalo?

—Daniel —responde Dios—, no te lo puedo decir. Es un misterio. Es algo increíble que tengo en mente.

Podemos sentirnos agradecidos de vivir en el paréntesis entre la Crucifixión —el final de la semana sexagésimo novena— y la Segunda Venida, paréntesis durante el que el mensaje de Dios de reconciliación se dirige a todos, y no sólo a un grupo de personas.

El período de la tribulación

> Y hará un pacto firme con muchos por una semana; a la
> mitad de la semana hará cesar el sacrificio y la ofrenda; y
> en el ala del Templo estará la abominación horrible, hasta
> que la ruina decretada se derrame sobre el desolador.
>
> *Daniel 9:27, RVR97*

El anticristo hará tres cosas durante los últimos siete años, que serán un tiempo angustioso conocido como la tribulación:

- Confirmará un pacto por siete años.
- A la mitad de este tiempo, pondrá fin al sacrificio y a la ofrenda.
- Establecerá en el templo «la abominación horrible».

Las claves en la comprensión de esta profecía son «la abominación horrible» y la idea de tres años y medio entre el cese de los sacrificios y la introducción de la abominación. La profecía implica que el anticristo forjará un tratado de paz con Israel por siete años. A la mitad de este mismo período violará el acuerdo y pondrá fin al culto en el templo. Luego profanará el templo en el espíritu de Antíoco Epífanes, el rey sirio que reinó durante el siglo segundo a.C. y que se hizo célebre por su profanación del templo (véase Daniel 8:25). Esta profecía se repite en Daniel 12:11, y el mismo período de tiempo se indica como 1.290 días, o tres años y medio.

> Y desde el tiempo que sea quitado el continuo sacrificio hasta
> la abominación desoladora, habrá mil doscientos noventa
> días.

El libro de Apocalipsis también se refiere a este período de tres años y medio en lo referente a la blasfemia del anticristo.

> También se le dio [a la bestia] boca que hablaba grandes
> cosas y blasfemias; y se le dio autoridad para actuar cua-
> renta y dos meses. Y abrió su boca en blasfemias contra Dios,
> para blasfemar de su nombre, de su tabernáculo, y de los
> que moran en el cielo. Y se le permitió hacer guerra contra
> los santos, y vencerlos. También se le dio autoridad sobre
> toda tribu, pueblo, lengua y nación. Y la adoraron todos los

moradores de la tierra cuyos nombres no estaban escritos en el libro de la vida del Cordero que fue inmolado desde el principio del mundo.

Apocalipsis 13:5-8

Jesús habla de la abominación desoladora como uno de los acontecimientos que precederán a su regreso a la tierra.

Por tanto, cuando veáis en el lugar santo la abominación desoladora de que habló el profeta Daniel (el que lee, entienda), entonces los que estén en Judea, huyan a los montes. El que esté en la azotea, no descienda para tomar algo de su casa; y el que esté en el campo, no vuelva atrás para tomar su capa. Mas ¡ay de las que estén encintas, y de las que críen en aquellos días! Orad, pues, que vuestra huida no sea en invierno ni en día de reposo; porque habrá entonces gran tribulación, cual no la ha habido desde el principio del mundo hasta ahora, ni la habrá.

Mateo 24:15-21

Entonces aparecerá la señal del Hijo del Hombre en el cielo; y entonces lamentarán todas las tribus de la tierra, y verán al Hijo del Hombre viniendo sobre las nubes del cielo, con poder y gran gloria. Y enviará sus ángeles con gran voz de trompeta, y juntarán a sus escogidos, de los cuatro vientos, desde un extremo del cielo hasta el otro.

Mateo 24:30-31

Todas esas profecías se refieren a los últimos siete años antes de la venida de Cristo. Será un tiempo de desolación y sufrimiento. El templo será devastado. El tratado hecho por el anticristo será roto. Pero Cristo vendrá para derrotar al anticristo y a sus fuerzas.

¿Dónde está la Iglesia?

Para resumir, el período profético de 490 años se divide en tres partes. Después de 49 años —siete «setenas»— Jerusalén será reconstruida y quedará acabada la revelación de los profetas del Antiguo Testamento. En la semana sexagésimo novena —483 años en el total de 490— el Mesías viene a la tierra, sólo para ser crucificado en el año 33 d.C. Luego tiene lugar un paréntesis en el que Dios ofrece su gracia a todas las gentes por todo el mundo. Al final del tiempo, el Mesías volverá de nuevo a la nación de Israel y a la ciudad de Jerusalén. Pero justo antes de que llegue, aparecerá el anticristo en la escena y constituirá una coalición con Israel durante siete años. En medio de los siete años quebrantará este pacto. Impondrá la abominación desoladora, ¡y entonces *sucederá*! Dios cerrará el sobre de la historia tal como la conocemos. Sellará la visión y dirá a los santos: «Queridos, es tiempo de volver abajo.» Y Cristo volverá, en gloria, majestad y poder.

¿SE ESTÁ PREPARANDO EL ESCENARIO?

El principal foco de atención de las profecías de Daniel es la segunda etapa del Imperio Romano. Daniel predijo que al aproximarnos al fin del mundo y a la venida de Jesucristo, habrá el resurgimiento de una coalición de naciones que en el pasado formaron parte de aquel antiguo imperio. Dichas naciones mantendrán su identidad individual, pero constituirán una asociación política y económica. De esta asociación surgirá el anticristo a la supremacía mundial.

En 1948, un número de países europeos estableció la Organización para la Cooperación Económica Europea (OCEE). Esta organización fue en parte una respuesta a los horrores de la Segunda Guerra Mundial. Estas naciones se dieron cuenta de la necesidad de una cooperación global, de una reducción de la fuerza militar, de una mayor acción diplomática, y menos énfasis en la soberanía nacional.[3] Este fue el primer paso en la actual andadura política hacia la constitución y desarrollo de la Comunidad Económica Europea (CEE, o «Mercado Común») en 1958.

En 1951, seis naciones de Europa firmaron un tratado: Francia, Italia, Alemania Federal, Bélgica, Holanda y Luxemburgo. Y declararon abiertamente su objetivo:

> Resueltas a poner en lugar de las rivalidades históricas una fusión de sus intereses nacionales: a establecer, mediante la creación de una comunidad económica, el fundamento de una amplia comunidad independiente entre pueblos durante mucho tiempo divididos por cruentos conflictos; a echar las bases de instituciones capaces de una constante dirección hacia el futuro; han decidido crear una comunidad europea del carbón y del acero.[4]

La CEE emprendió su marcha hacia esos mismos objetivos, estableciendo cuatro instituciones para alcanzarlos.

1. *El Alto Comisariado.* Un grupo de nueve miembros que recibe la responsabilidad de actuar en los mejores intereses de la comunidad como un todo.

2. *La Asamblea General.* Representantes de cada país.

3. *El Consejo de Ministros.* Ministros individuales de cada estado miembro.

4. *El Tribunal de Justicia.*

Las naciones de la CEE estrecharon recientemente sus relaciones, dando paso a una institución más integrada en lo político, la UE [Unión Europea], que tiene paralelos notables con las predicciones de Daniel que se relacionan con las etapas finales del Imperio Romano. Con la caída del muro de Berlín y el fin del comunismo en Europa Oriental al final de la década de los ochenta, el concepto de una unidad europea total es ahora una posibilidad real. Me parece que la actual tendencia de Europa hacia la unidad política y económica es el cumplimiento de las profecías de Daniel y la preparación para la llegada del anticristo.

NOTAS

1. Una nota al pie sobre lo que fue una ocasión maravillosa: Cuando ya habíamos hecho casi la mitad del campo, vimos al director del mismo que venía hacia nosotros en un carrito. Alguien le acompañaba. Pensé: *¿Qué habremos hecho ahora? Nos van a echar del campo de golf.* Se detuvieron a nuestro lado, y el director dijo: «Este es *fulano-de-tal,* del diario *Grand Rapids Press.* Está escribiendo un artículo acerca de lo que la gente hace el Día de Acción de Gracias. ¿Podría tomar su foto?» Al día siguiente, en primera página del diario, aparecía una hermosa fotografía de mi padre, con su gorra irlandesa, golpeando la bola en el decimoséptimo *green.* La primera vez que jugaba al golf, ¡y el la primera página de *Grand Rapids Press!*

2. Mucho de lo que sigue está adaptado de Ed Dobson: *Daniel: Making Right Choices* (Grand Rapids: Revell, 1994).

3. Richard Mayne, *The Community of Europe: Past, Present and Future* (Nueva York: W. W. Norton, 1963), 28-29.

4. Véase Uwe Kitzinger, *The European Common Market and Community* (Nueva York: Barnes and Noble, 1967).

Capítulo 5

EL NUEVO ORDEN
MUNDIAL EMERGENTE

Era diciembre de 1988. Europa Oriental estaba todavía bajo el control del comunismo. La Unión Soviética seguía siendo una nación unitaria, y estaba en el poder Mijail Gorbachev. El 7 de diciembre, Gorbachev pronunció un discurso ante las Naciones Unidas en el que introdujo la idea de «un nuevo orden mundial». Dijo: «El progreso global adicional es ahora posible sólo mediante una búsqueda de un consenso universal en el movimiento hacia un nuevo orden mundial».[1] Desde aquel entonces, el concepto ha ganado una aceptación a nivel mundial. Esto refleja la actual tendencia hacia el globalismo, una tendencia que está claramente predicha en la Biblia. Según vayamos acercándonos al fin del mundo, habrá un dramático giro hacia «un nuevo orden mundial». Este se compondrá de un sistema político mundial, una economía mundial y una religión mundial.

LA COLA PARA EL COMIENZO

Apocalipsis 12 y 13 son quizá los capítulos más significativos y detallados en el Nuevo Testamento para comprender las profecías del tiempo del fin. En esos capítulos se identifican los principales actores en los acontecimientos del fin del mundo.

1. *Israel*

> Apareció en el cielo una gran señal: una mujer vestida del sol, con la luna debajo de sus pies, y sobre su cabeza una corona de doce estrellas.
>
> *Apocalipsis 12:1*

73

Un erudito afirma que la identidad de esta mujer es «la cuestión más crítica para la apropiada interpretación del Apocalipsis».[2] La clave para la comprensión de su identidad reside en el hecho de que da a luz a un hijo «que regirá con vara de hierro a todas las naciones» (v. 5). Esto es una referencia evidente a Jesucristo y a su reino futuro. ¿Quién es esta mujer? O bien se trata de la Virgen María, o tenemos una referencia simbólica a la nación de Israel, por medio de la cual nació el Mesías. Un estudio más detallado indica que la mujer representa a Israel. Es enviada al desierto durante tres años y medio y sufre gran tribulación. Recibe alas como de águila para huir volando a un lugar protegido. Algunos eruditos ven en el águila una referencia a un puente aéreo especial. Otros ven una referencia a los Estados Unidos, que tiene como símbolo el águila y que ha sido la protectora política de Israel desde 1948. En todo caso, el sentido es que Dios protege a Israel.

2. *Satanás*

> También apareció otra señal en el cielo: he aquí un gran dragón escarlata, que tenía siete cabezas y diez cuernos, y en sus cabezas siete diademas.
>
> *Apocalipsis 12:3*

El dragón representa a Satanás. Él es «la serpiente antigua, que se llama diablo y Satanás, el cual engaña al mundo entero» (v. 9). Cerca del fin del mundo, se rehúsa a Satanás su acceso al cielo, y desciende a la tierra «con gran ira, sabiendo que tiene poco tiempo» (v. 12). Hace la guerra contra la mujer y su descendencia (v. 17). Durante este tiempo habrá un dramático aumento de la actividad satánica (v. 9). En ello se incluirá la adoración de Satanás y un aumento en la tasa de asesinatos, drogadicción, inmoralidad sexual y robos (Apocalipsis 9:20-21).

3. *Jesucristo*

> Y ella dio a luz un hijo varón, que regirá con vara de hierro a todas las naciones; y su hijo fue arrebatado para Dios y para su trono.
>
> *Apocalipsis 12:5*

Observemos que durante los acontecimientos predichos en estos capítulos, el hijo varón —Jesucristo— no está presente en la tierra. Más bien, está en presencia de Dios y de su trono, tras haber sido «arrebatado» en su ascensión (Hechos 1:9) y exaltación (Filipenses 2:9-11). Sin embargo, esto no significa que Cristo sea indiferente e insensible a los acontecimientos en la tierra. Al contrario, está muy involucrado. Él fue el único hallado digno de abrir el rollo sellado con siete sellos y de iniciar los terribles acontecimientos del período de la tribulación. Él es quien volverá a la tierra para derrotar a Satanás y sus ejércitos, y establecer su reino de paz (Apocalipsis 19:11-16)

4. *Miguel y sus ángeles*

> Después hubo una gran batalla en el cielo: Miguel y sus ángeles luchaban contra el dragón; y luchaban el dragón y sus ángeles.
>
> *Apocalipsis 12:7*

Junto con los terribles acontecimientos y conflictos sobre la tierra durante el período de la tribulación, habrá también un conflicto cósmico en el cielo. Miguel y sus ángeles pelearán contra Satanás y sus ángeles. Satanás será echado del cielo. Sabemos por las Escrituras que Satanás ya ha caído y que fue echado del cielo, pero sigue teniendo aún acceso a la presencia de Dios cuando acusa a la familia de la fe (v. 10). Al acercarnos al fin del mundo, Satanás será para siempre excluido del cielo y, de hecho, concentrará toda su cólera y todo su poder contra Israel. La tribulación es un tiempo específico en el que todos los poderes de Satanás y de sus demonios se desencadenan sobre la tierra.

5. *Los creyentes*

> Entonces el dragón se llenó de ira contra la mujer; y se fue a hacer guerra contra el resto de la descendencia de ella, los que guardan los mandamientos de Dios y tienen el testimonio de Jesucristo.
>
> *Apocalipsis 12:17*

Este versículo se refiere a los creyentes judíos durante el período de la tribulación. Aunque oprimidos y hostigados por Satanás, permanecen fieles a los mandamientos de Dios y a Jesucristo. Durante este tiempo, Dios envía 144.000 «siervos» que aparentemente son predicadores del evangelio (Apocalipsis 7:3-4). Como resultado de su ministerio, un gran número de personas se vuelven creyentes. «Estos son los que han salido de la gran tribulación, y han lavado sus ropas, y las han emblanquecido en la sangre del Cordero» (Apocalipsis 7:14).

6. *El anticristo*

> Me paré sobre la arena del mar, y vi subir del mar una bestia que tenía siete cabezas y diez cuernos; y en sus cuernos diez diademas; y sobre sus cabezas, un nombre blasfemo.
>
> *Apocalipsis 13:1*

La descripción de esta bestia es similar a la descripción que hace Daniel del Imperio Romano y del venidero anticristo. Tiene semejanza a un leopardo, un oso y un león (Daniel 7). Tiene siete cabezas y diez cuernos. Esto es lo que leemos acerca de la misma:

- Es energizado por Satanás (Apocalipsis 13:2).
- Es sanado de una herida mortal (v. 3).
- Todo el mundo ve este milagro (v. 3).
- La gente adora al anticristo (v. 4).
- Nadie puede oponerse a su poder militar (v. 4).
- Ejercerá autoridad durante tres años y medio (v. 5).
- Blasfemará contra Dios (v. 6).
- Hará guerra contra los santos (v. 7).

7. *El falso profeta*

> Después vi otra bestia que subía de la tierra; y tenía dos cuernos semejantes a los de un cordero, pero hablaba como dragón. Y ejerce toda la autoridad de la primera bestia en presencia de ella, y hace que la tierra y los moradores de ella adoren a la primera bestia, cuya herida mortal fue sanada.
>
> *Apocalipsis 13:11-12*

Creo que la segunda bestia es el falso profeta que es juzgado junto al anticristo (la primera bestia) y a Satanás (Apocalipsis 20:7-10). La segunda bestia es diferente de la primera en que procede de la tierra en lugar de del mar, pero las dos operan en estrecha colaboración, como en asuntos exteriores. La segunda bestia hará lo siguiente:

- Hará que la tierra adore al anticristo (Apocalipsis 13:12).
- Llevará a cabo actos milagrosos «delante de los hombres» (v. 13).
- Erige una imagen de la bestia y luego da vida a dicha imagen (vv. 14-15).
- Establece una economía mundial que exige que todos lleven una «marca» o «número» de la bestia (666) para poder sobrevivir (vv. 16-18).

LA IMPÍA TRINIDAD

Durante el período de la tribulación una impía trinidad dominará el mundo: Satanás, el anticristo y el falso profeta. El anticristo y el falso profeta serán los actores visibles, mientras que Satanás orquestará los acontecimientos del mundo desde las bambalinas. La Biblia predice que las actividades y el poder de Satanás aumentarán grandemente en este tiempo.

En primer lugar, la influencia refrenadora de la iglesia y del Espíritu Santo habrán desaparecido debido al arrebatamiento de la iglesia. En la actualidad, la iglesia y los creyentes individualmente tienen una influencia positiva sobre la cultura. Actuamos como sal y como luz. Nos oponemos a la influencia de Satanás y refrenamos el avance del mal. Pero cuando seamos quitados de en medio, Satanás quedará libre de las limitaciones y el mal avanzará mayormente sin oposiciones (2 Tesalonicenses 2:6).

En segundo lugar, la Biblia predice que durante la tribulación habrá multitudes de demonios que ahora están encarcelados en el Abismo y que serán soltados para causar el caos en la tierra. Mucha gente efectivamente adorará a estos demonios (Apocalipsis 9:1-6; 20-21).

La impía trinidad de Satanás, el anticristo y el falso profeta conformarán el mundo y lo transformarán. Establecerán un gobierno mundial, una economía mundial y una religión mundial. Serán los dirigentes indiscutidos de una verdadera comunidad global.

UN GOBIERNO MUNDIAL

Incluso un observador superficial de las tendencias geopolíticas puede ver que estamos dirigiéndonos a la cooperación e interdependencia internacional. La idea de un cuerpo de gobierno mundial al que pertenezcan las naciones individuales ha dejado de ser una idea exótica, y goza de una creciente aceptación entre las naciones del mundo. Hay al menos dos razones de peso para esta tendencia.

En primer lugar, las crecientes complejidades de nuestro mundo sirven como catalizador para potenciar nuestro deseo de cooperación y entendimiento internacional. Ninguna nación ni superpotencia internacional pueden ya mediar en conflictos ni resolver los problemas entre nosotros. Esto precisará de un poder superior al que todas las naciones se sometan. En su libro *The Omega Generation*, Nate Krupp identifica cinco problemas globales principales que se pueden resolver sólo con la ayuda de un gobierno mundial.

1. Cómo impedir que se desencadenen guerras.
2. Cómo conseguir suficientes alimentos para dar de comer a todos los habitantes del mundo.
3. Cómo detener, o al menos controlar, la carrera armamentista, en particular la proliferación de las armas nucleares.
4. Cómo suministrar el suficiente combustible, especialmente petróleo, para las necesidades del mundo.
5. Cómo redistribuir la riqueza del mundo en dinero y materiales para que todos tengan abundante provisión.[3]

Esas cuestiones seguirán acosando a la comunidad humana. Su resolución exigirá cooperación a nivel mundial y una buena disposición a ceder en lo que toca a intereses nacionales en favor de intereses globales. Un gobierno mundial sería la institución más viable mediante la que resolver esos acuciantes problemas.

En segundo lugar, las Naciones Unidas sirven ya como un micromodelo institucional de lo que podría llegar a ocurrir potencialmente a una escala superior. Las Naciones Unidas fueron constituidas precisamente para buscar soluciones a la clase de problemas que Krupp identifica. La Carta de las Naciones Unidas fue firmada en la Conferencia de San Francisco el 26 de junio de 1945. Su articulado dice:

NOSOTROS, EL PUEBLO DE LAS NACIONES UNIDAS, HEMOS DETERMINADO
salvar a las posteriores generaciones del azote de la guerra,

que dos veces en nuestra vida ha sido causa de inenarrables dolores a la humanidad, y ·

reafirmar la fe en los derechos humanos fundamentales, en la dignidad y valía de la persona humana, en la igualdad de derechos de hombres y mujeres y de las naciones grandes y pequeñas, y

establecer condiciones bajo las que se puedan mantener la justicia y el respeto hacia las obligaciones que emanan de los tratados y otras fuentes de ley internacional, y

promover el progreso social y mejores niveles de vida en mayor libertad.

Y CON ESOS FINES
practicar la tolerancia y vivir juntos en paz como buenos vecinos, y

unir nuestras fuerzas para mantener la paz y la seguridad internacional y

asegurar, mediante la aceptación de principios y la institución de métodos, que no se emplee la fuerza armada, salvo en el interés general, y

emplear instituciones internacionales para fomentar el progreso económico y social de todos los pueblos.

HEMOS RESUELTO COMBINAR NUESTROS ESFUERZOS PARA ALCANZAR ESTOS OBJETIVOS
En consecuencia, nuestros respectivos gobiernos, mediante representantes reunidos en la ciudad de San Francisco, que han exhibido sus plenos poderes que estaban en buena y debida regla, han accedido a la presente Carta de las Naciones Unidas y por la misma establecen una organización internacional que será conocida como las Naciones Unidas.[4]

El Artículo 1 de los Propósitos y Principios de la Carta identifica claramente los objetivos específicos de la acción a emprender.

Los propósitos de las Naciones Unidas son:

1. El mantenimiento de la paz y seguridad internacionales, y a este fin: la toma de medidas colectivas efectivas para la prevención y eliminación de las amenazas a la paz, y para la supresión de actos de agresión u otros quebrantamientos de la paz, y para llevar a cabo, por medios pacíficos, y en conformidad con los principios de justicia y ley internacional, la conciliación o adjudicación de disputas o situaciones internacionales que pudieran llevar a un quebrantamiento de la paz;

2. El desarrollo de relaciones amistosas entre las naciones sobre la base del respeto para el principio de igualdad de derechos y de la autodeterminación de los pueblos, y la toma de otras medidas apropiadas para fortalecer la paz universal;

3. La consecución de la cooperación internacional en la resolución de problemas internacionales de carácter económico, social, cultural o humanitario, y la promoción y el apoyo del respeto por los derechos humanos y por las libertades fundamentales de todos sin distinción en cuanto a raza, sexo, lengua o religión; y

4. Ser un centro para la armonización de las acciones de las naciones en la consecución de estos fines comunes.[5]

Después de la formación de la Organización de las Naciones Unidas, muchos cristianos escribieron, hablaron y enseñaron en contra de esta institución. Algunos cristianos pensaron que era el primer paso hacia un gobierno mundial encabezado por el anticristo. Por ello, estaba alineada con Satanás y debían oponerse a ella. Otros pensaban que era otro intento humano de construir la torre de Babel y que como resultado estaba condenada al fracaso. Se hizo popular en algunos hogares cristianos un cuadro que mostraba el edificio de las Naciones Unidas en Nueva York con un gigantesco Jesús llamando a la puerta; simbolizaba la exclusión de Cristo y de Dios de esa organización mundial.

Pero las Naciones Unidas han sobrevivido a esos ataques y son más fuertes que nunca lo habían sido. ¿Es de Satanás? ¿Es otra Torre de Babel? Muy improbable. Es un sincero intento de promover la paz y la seguridad en un mundo más y más perturbado. ¿Es la organización embrionaria que conducirá a un gobierno mundial? Quizá, pero ello no la hace moralmente mala. El anticristo y Satanás emplearán sistemas políticos ya establecidos para promover su causa. Esto no significa que esos sistemas, si ya existen, deban tener la oposición de los cristianos. Deberíamos ser promotores de la paz (Mateo 5:9). El venidero gobierno mundial es probablemente o bien una extensión de las Naciones Unidas o bien será modelado según el plan y el propósito de las Naciones Unidas. En cualquier caso, ya estamos actuando con intereses transnacionales en mente. Ya está dispuesto el escenario para el futuro gobierno mundial.

UNA ECONOMÍA MUNDIAL

Y hacía que a todos, pequeños y grandes, ricos y pobres, libres y esclavos, se les pusiese una marca en la mano derecha, o en la frente; y que ninguno pudiese comprar ni vender, sino el que tuviese la marca o el nombre de la bestia, o el número de su nombre. Aquí hay sabiduría. El que tiene entendimiento, cuente el número de la bestia, pues es número de hombre. Y su número es seiscientos sesenta y seis.

Apocalipsis 13:16-18

El anticristo y el falso profeta establecerán no sólo un gobierno mundial, sino también una economía a escala planetaria. Junto con la actual tendencia hacia la fusión política hay también otra económica. La Biblia predice una economía global así, y tan estrechamente controlada que nadie podrá comprar o vender sin la marca 666.

El significado de 666

Ha habido mucha especulación a lo largo de los años acerca del significado de este número, y muchos han intentado identificarlo con alguna persona o cosa específicas. La mayor parte de esas especulaciones consisten en asignar valores númericos a letras y añadir esos valores. Tomemos por ejemplo el nombre de un anterior presidente de los Estados Unidos, Ronald Wilson Reagan. Cada uno de los nombres tiene seis letras; si se alinean, tenemos 666. Naturalmente, lo mismo se podría hacer con mi propio nombre: Edward (6 letras) George (6 letras) Dobson (6 letras).

Otros han desarrollado métodos más sofisticados para identificar el anticristo y su marca. Por ejemplo, podríamos establecer un alfabeto (inglés) usando múltiplos de 6.

A=6	F=36	K=66	P=96	U=126	Z=156
B=12	G=42	L=72	Q=102	V=132	
C=18	H=48	M=78	R=108	W=138	
D=24	I=54	N=84	S=114	X=144	
E=30	J=60	O=90	T=120	Y=150	

Tomemos la palabra inglesa para Ordenador, C O M P U T E R:

C =	18
O =	90
M =	78
P =	96
U =	126
T =	120
E =	30
R =	<u>108</u>

COMPUTER = 666[6]

Lo cierto es que nadie sabe de cierto el pleno sentido o aplicación de esta señal. En el mejor de los casos, parece estar asociada con la sabiduría y capacidad humana en contraste a la dependencia de Dios. Implica un sistema que excluye a Dios.

La capacidad de control de la marca de la bestia

La imposición de la marca de la bestia, bien en la mano derecha, bien en la frente, es el medio por el que el gobierno, esto es, el anticristo y el falso profeta, controlarán el comercio por todo el mundo. Surgirán varias condiciones cuando tengan lugar esos acontecimientos.

- Habrá una pérdida de libertad personal y la violación de la intimidad.
- El gobierno controlará las vidas de las personas, incluyendo cuestiones básicas como la compra de alimentos y artículos necesarios para la vida.
- Habrá un registro a escala mundial de modo que cada persona pueda ser seguida y controlada.

- Los radicales que rehúsen registrarse con el gobierno serán eliminados.

Hace un cierto tiempo esta clase de discusión parecía futurista y carente de sentido, pero ya no lo es más. En la revista *New York Times Magazine,* Robert Ellis Smith expresa alarma ante el creciente interés por la emisión de una tarjeta nacional de identidad a todos los que vivan en los Estados Unidos. El clima de la cultura y de la sociedad está precipitando este interés. Smith escribe: «Ante el aumento del crimen, de la inmigración ilegal, del fraude a la seguridad social y de padres que desertan de sus hogares, muchos funcionarios y miembros del Congreso insisten en que la nación funcionaría de manera más eficiente si todos tuviéramos tarjetas de identidad de plástico a prueba de fraude.»[7] ¿Qué haría esta tarjeta? «Facilitaría el seguimiento de transacciones ilícitas de dinero, el descubrimiento después del hecho de todas las personas en la escena de un crimen, saber inmediatamente si un adulto que acompaña a un niño es un padre o tutor legal, el mantenimiento de una lista de sospechosos en un vecindario cada noche, saber quién ha comprado un arma de fuego o un cuchillo, o fertilizante o libros satánicos, o saber quién es portador del virus VIH.»[8]

Es fácil ver los efectos beneficiosos de una tarjeta nacional de identidad: la capacidad de seguir a los criminales, de garantizar la seguridad y de eliminar la violencia.

Además de una tarjeta nacional de identidad, muchos proponen una sociedad sin dinero efectivo. Pensemos en lo que esto haría al tráfico de drogas: sin dinero efectivo no se podría comprar ni vender drogas. Para el comercio ordinario, pensemos en la comodidad de hacer todas las transacciones con una tarjeta. Es totalmente posible que la tarjeta nacional de identidad y la tarjeta de crédito sean la misma. Además, ya está disponible la tecnología para emplear implantes legibles por ordenador que reemplazarían las tarjetas de plástico, tanto de crédito como las de identidad. Lawrence N. Gold ha escrito acerca de «dispositivos que se pueden llevar encima, como colgantes, o incluso ser implantados subcutáneamente. Esos sensores almacenarán y transmitirán datos … determinando no sólo quién está en la estancia, sino también cuál es el estado fisiológico de dicha persona como reacción tanto a programas de TV como a mensajes publicitarios.»[9]

La tecnología está ya a disposición para poner una marca en la mano o en la frente, como lo indica la Biblia. El artículo de Smith tiene una fotografía donde aparece un hombre del cuello para arriba, con la espalda a la cámara. En la nuca tiene un código de barras como los que vemos en productos en la tienda, y debajo del mismo en la nuca aparece el número 78236D1230. De nuevo, una sociedad sin dinero en efectivo no es moralmente mala, ni lo es hablar de una tarjeta nacional de identidad. Muchos usos de esta tecnología serían beneficiosos. Sin embargo, el resultado neto sería la pérdida de la intimidad y el potencial para deshumanizar a las personas. Además, este sistema podría ser finalmente explotado por el anticristo para controlar a la población del mundo.

UNA RELIGIÓN MUNDIAL

La religión ha jugado siempre un papel principal en los asuntos mundiales. Durante el período de la tribulación, la religión jugará un papel en el programa del anticristo y en el nuevo orden mundial. De la diversa y violenta historia de la religión surgirá la esperanza y el deseo de la realidad de una fe de carácter universal. Los cristianos han especulado largo tiempo acerca de esta religión. Un punto de vista popular entre algunos protestantes es que la iglesia mundial es la Iglesia Católica Romana y que el papa es o bien el anticristo, o bien el falso profeta. Este punto de vista fue popularizado por los primeros Reformadores, que reaccionaban a la enseñanza y a las prácticas de la iglesia de Roma. John Wycliffe (1329-1384) declaró que el anticristo es el papa. Martín Lutero (1483-1546) también pensaba lo mismo.[10]

Este punto de vista era la opinión predominante que oí mientras crecía en Belfast, Irlanda del Norte. Naturalmente, este punto de vista reflejaba el conflicto permanente entre los protestantes y católicos en aquel país. Sin embargo, no resiste el escrutinio de las Escrituras. La Iglesia Católica no podría ser la iglesia mundial, ni el papa puede ser el anticristo, debido a lo que creen. El «espíritu» del anticristo que prevalecerá al final del mundo es un espíritu que niega la deidad de Jesucristo (1 Juan 4:1-3). Sea lo que sea que uno piense de la Iglesia Católica Romana, una cosa es cierta: *no* niega la deidad de Jesucristo. Por tanto, no podría ser jamás asociada con el anticristo. Falla la prueba de negar a Jesús.

Los estudiosos de la profecía bíblica han especulado diversas cosas, desde que la religión mundial es el islam hasta el Consejo Mundial de las Iglesias, o las religiones orientales y el pensamiento de la Nueva Era. Sin embargo, la realidad pragmática es que es muy improbable que ninguna religión mundial principal vaya a abandonar sus distintivos y a abrazar alguna clase de religión sintética. ¿Es razonable pensar que el islam vaya a encontrar un terreno común con el hinduismo, y que ambos vayan a concurrir voluntariamente en un sistema común de creencia? Dada la creciente marea de fanatismo religioso en el mundo, esto parece imposible.

Entonces, ¿qué quiere decir la Biblia cuando predice una religión mundial? En mi opinión, puede que sea similar al gobierno mundial. El gobierno mundial reconocerá las naciones individuales, pero estas naciones cooperarán voluntariamente para el mayor bien de la raza humana. Podría surgir una estructura similar que permita a cada religión que exista como una identidad específica y que al mismo tiempo participe en una «asamblea» de religiones mundiales en la que el bien común de la raza humana tenga la mayor prioridad. Según el informe llamado *Global 2000 Revisited [Reexamen de Global 2000]*, esto es precisamente lo que se necesita para poder hacer frente a las complejas situaciones geopolíticas a las que hace frente el mundo en el siglo veintiuno. Este informe argumenta que debemos crear un mundo más sano y equilibrado trabajando juntos con los siguientes objetivos:

- Crear las condiciones religiosas, sociales y económicas necesarias para detener el crecimiento de la población humana.
- Reducir el uso de recursos (fuentes) y la capacidad de eliminación de residuos (sumideros) por parte de los más ricos.
- Asegurar el orden civil, la educación y los servicios sanitarios para todos en todas partes.
- Preservar los suelos y las especies en todas partes.
- Doblar los rendimientos agrícolas a la vez que se reduce la dependencia de la agricultura de la energía y el daño agrícola al medio.
- Efectuar la conversión de fuentes de energía emisoras de dióxido de carbono a fuentes de energía renovables y no contaminantes y que sean asequibles incluso para los pobres.
- Reducir intensamente las emisiones de otros gases productores del efecto invernadero.
- Detener de inmediato las emisiones de los productos químicos que destruyen la capa de ozono.
- Producir la equidad entre las naciones y los pueblos del Norte y del Sur.[11]

Este informe afirma que la tarea de tratar estas cuestiones es «de naturaleza fundamentalmente espiritual». En otras palabras, la religión ha de dirigir, y a fin de dirigir ha de haber cooperación entre las religiones del mundo. Este informe sugiere diversas cuestiones religiosas que deben ser afrontadas.

¿Cuáles son las enseñanzas tradicionales —y la gama de otras opiniones— dentro de tu fe acerca del significado de «progreso» y de cómo debe ser alcanzado?

¿Qué enseña la tradición de tu fe acerca del destino humano? ¿Es el destino humano separable del de la Tierra?

¿Cuál es tu destino, el destino de los seguidores de tu tradición de fe? ¿Qué enseña tu tradición acerca del destino de los seguidores de otras tradiciones?

¿Cómo debemos medir el «progreso»? ¿Puede haber progreso para la comunidad humana sin progreso para toda la comunidad de vida?

¿Cómo se relaciona el «éxito» personal con el «progreso» para la totalidad?

¿Cuáles son las enseñanzas tradicionales —y la gama de otras opiniones— dentro de tu tradición de fe tocante a una relación apropiada con los que difieren en raza o género (condiciones que no se pueden cambiar), o en cultura, política o fe?

Se manifiesta mucho odio y violencia en el nombre de la religión. ¿Qué enseñanzas de tu tradición de fe han sido empleadas —correctamente o no— en un intento por justificar tales prácticas?

La discriminación e incluso la violencia por parte de los hombres contra las mujeres se justifica a menudo en nombre de la religión. ¿Qué enseñanzas de tu fe, si las hay, han sido usadas —correctamente o incorrectamente— de esta manera?

¿Cómo caracteriza tu tradición de fe las enseñanzas y a los seguidores de otras tradiciones de fe? ¿Hay algunos seguidores de tu tradición que mantengan que las enseñanzas de otras tradiciones de fe sean malas, peligrosas, extraviadas, así como sus seguidores? ¿Hay alguna posibilidad de que tu tradición de fe pueda derivar sabiduría, verdad o conocimiento de la enseñanza de alguna otra fe?

¿Cuáles son las enseñanzas tradicionales —y la gama de otras opiniones— dentro de tu fe acerca de la posibilidad de crítica, corrección, reinterpretación e incluso el rechazo de antiguas su-

posiciones y «verdades» tradicionales a la luz de nuevas comprensiones y revelaciones?

¿Contempla tu tradición de fe nueva revelación, nuevas comprensiones, nuevas interpretaciones, nueva sabiduría y nueva verdad acerca de la actividad humana que afecte al futuro de la tierra?[12]

Es concebible que los complejos problemas que amenazan a la supervivencia de la raza humana fuerce a las religiones a trabajar juntas en pos de soluciones. Lo mismo que las Naciones Unidas, podría haber también una Asamblea de las Religiones Unidas. Trabajando juntas con objetivos políticos y espirituales bajo el dotado liderazgo del anticristo, el mundo podría entrar en una nueva fase de cooperación y de progreso.

EL NUEVO ORDEN MUNDIAL

La Biblia predice claramente un viraje hacia un gobierno, una economía y una religión mundiales. Este globalismo será empleado por el anticristo para controlar el mundo. Estas tendencias ya están en marcha. Según nos vayamos aproximando al fin del mundo, estas mismas tres tendencias se irán acelerando más y más.

NOTAS

1. Mikhail Gorbachev, «U.S.S.R. Arms Reduction,» *Vital Speeches of the Day,* 1 de febrero 1989, 230. Pronunciado en las Naciones Unidas, Nueva York, 7 de diciembre de 1988: citado por Ed Hindson, *The New World Order* (Wheaton, Ill.: Victor Books, 1991), 14.

2. Ed Hindson, *Final Signs* (Eugene, Ore.: Harvest House, 1996), 21.

3. Nate Krupp, *The Omega Generation* (Harrison, Ark.: New Leaf Press, 1977), 78.

4. Leland M. Goodrich y Anne P. Simons, *The United Nations and the Maintenance of International Peace and Security* (Washington, D.C.: Brookings Institution, 1955), 635.

5. *Ibid.,* 636.

6. Salem Kirban, *The Rise of Antichrist* (Huntingdon Valley, Pa.: Salem Kirban, Inc., 1978), 172-73.

7. Robert Ellis Smith, «The True Terror Is in the Land», *New York Times Magazine,* 8 de septiembre de 1996, secc. 6, 59.

8. *Ibid.*

9. Citado en *Ibid.*

10. Hindson, *The New World Order,* 69.

11. Gerald O. Barney con Jane Blewett y Kristen R. Barney, *Global 2000 Revisited: Overview.* Un informe sobre cuestiones críticas del Siglo Veintiuno preparado para el Parlamento de las Religiones del Mundo de 1993 (Nueva York: Millennium Institute, 1993).

12. *Ibid.*

Capítulo 6

El surgimiento y la caída del anticristo

Cuando nací el 30 de diciembre de 1949, en una casa de campo con tejado de paja en las afueras de Magherafelt, Irlanda del Norte, mis padres me llamaron Edward George. Ambos nombres son expresivos. Eran los primeros nombres de mis abuelos, que a su vez habían recibido el nombre del rey británico reinante al nacer. En la Biblia, casi todos los nombres y títulos tienen un inmenso significado. Un nombre importante para nuestra comprensión del futuro es «el anticristo».

La Biblia predice que al acercarnos al fin del mundo aumentarán el caos, la inestabilidad y el desorden. Jesús predijo que habría «guerras y rumores de guerras . . . se levantará nación contra nación, y reino contra reino; y habrá pestes, y hambres, y terremotos en diferentes lugares» (Mateo 24:6-7). La Biblia predice también que este caos dará lugar a un ambiente geopolítico que abrirá el camino para el surgimiento de un nuevo líder mundial que podrá negociar la paz mundial y cumplir la promesa de seguridad y armonía. Este líder mundial es un personaje al que la mayoría de los estudiosos de la Biblia llaman el anticristo.

ESTÁ TODO EN EL NOMBRE

Aunque esta persona es designada como el anticristo sólo en un pasaje de la Biblia (1 Juan 2:18-22), este nombre es sumamente apropiado porque describe la esencia de su carácter. Es, en verdad, anti

Cristo. Todo aquello por lo que Cristo está, el anticristo está en contra. Cristo es la luz, la vida y el amor; el anticristo es tinieblas, muerte y odio. El anticristo encarna todo lo malo y opuesto a Dios. Su misión en el planeta Tierra es destruir.

Aunque el nombre aparece sólo una vez, las referencias al anticristo aparecen por toda la Biblia bajo diversos títulos y descripciones de su carácter. Estos nombres y títulos incluyen los siguientes:[1]

1. *El cuerno pequeño*

> Mientras yo contemplaba los cuernos, he aquí que otro cuerno pequeño salía entre ellos, y delante de él fueron arrancados tres cuernos de los primeros; y he aquí que este cuerno tenía ojos como de hombre, y una boca que hablaba grandes cosas. *Daniel 7:8*

2. *El rey insolente*

> Y al fin del reinado de éstos, cuando los transgresores lleguen al colmo, se levantará un rey altivo de rostro y entendido en enigmas. *Daniel 8:23*

3. *El príncipe que ha de venir*

> Y después de las sesenta y dos semanas se quitará la vida al Mesías, mas no por sí; y el pueblo de un príncipe que ha de venir destruirá la ciudad y el santuario. *Daniel 9:26*

4. *El que causa desolación*

> Por tanto, cuando veáis en el lugar santo la abominación desoladora de que habló el profeta Daniel (el que lee, entienda). Mateo 24:15

5. *El hombre de pecado*

> Nadie os engañe en ninguna manera; porque [el día del Señor] no vendrá sin que antes venga la apostasía, y se manifieste el hombre de pecado, el hijo de perdición. *2 Tesalonicenses 2:3*

6. *El hijo de perdición*

Nadie os engañe en ninguna manera; porque [el día del Señor] no vendrá sin que antes venga la apostasía, y se manifieste el hombre de pecado, el hijo de perdición.

2 Tesalonicenses 2:3

7. *El inicuo*

Y entonces se manifestará aquel inicuo, a quien el Señor matará con el espíritu de su boca, y destruirá con el resplandor de su venida.

2 Tesalonicenses 2:8

8. *La bestia*

Y vi subir del mar una bestia que tenía siete cabezas y diez cuernos; y en sus cuernos diez diademas; y sobre sus cabezas, un nombre blasfemo.

Apocalipsis 13:1

9. *El hombre despreciable*

Y le sucederá en su lugar un hombre despreciable, al cual no darán la honra del reino; pero vendrá sin aviso y tomará el reino con halagos.

Daniel 11:21

10. *El rey voluntarioso*

Y el rey hará su voluntad, y se ensoberbecerá, y se engrandecerá sobre todo dios; y contra el Dios de los dioses hablará maravillas, y prosperará, hasta que sea consumada la ira; porque lo determinado se cumplirá.

Daniel 11:36

11. *El pastor inútil*

Porque he aquí, yo levanto en la tierra a un pastor que no visitará las perdidas, ni buscará la pequeña, ni curará la perniquebrada, ni llevará la cansada a cuestas, sino que comerá la carne de la gorda, y romperá sus pezuñas. ¡Ay de pastor inútil que abandona el ganado! Hiera la espada su brazo, y su ojo derecho; del todo se secará su brazo, y su ojo derecho será enteramente oscurecido.

Zacarías 11:16-17

SU ENCUMBRAMIENTO AL PODER

Vimos en el capítulo 4 que Daniel tuvo un sueño acerca de cuatro bestias: un león, un oso, un leopardo y una bestia innominada (Daniel 7:1-28). Estas cuatro bestias representan cuatro imperios mundiales principales, en paralelo con los reinos descritos en el sueño de Nabucodonosor que se registra en Daniel 2. En ambos casos, la mayor atención se da al cuarto —el Imperio Romano—, de cuya existencia se predicen varias fases.

Fase 1: Después del derrumbamiento del Imperio Griego, surgirá el Imperio Romano, que gobernará el mundo (véase Daniel 7:23).

Fase 2: La segunda fase adoptará la forma de una coalición política entre las diferentes naciones y reyes: naciones que se encuentran dentro de los límites originales del Imperio Romano (v. 24).

Fase 3: La tercera fase irá marcada por el surgimiento de «otro rey», que formará una coalición con tres de los diez reyes. Debido a la manera en que se describe, la mayoría de los eruditos creen que es una referencia al surgimiento del anticristo. Él se opondrá a Dios, perseguirá a los creyentes, cambiará las leyes y perseguirá a los santos durante tres años y medio (vv. 24-25). El anticristo llegará finalmente a asumir el liderazgo de toda la coalición de diez reyes y desde esta base de poder conseguirá la autoridad universal.

EL ANTICRISTO, ¿GENTIL O JUDÍO?

Debido a que el anticristo llega al poder por medio de una avivada comunidad europea, es muy probable que sea de raíz europea. Los estudiosos de la profecía bíblica han debatido durante mucho tiempo si tendrá raíces judías. El anticristo establecerá un tratado de paz que ayudará a resolver el conflicto árabe-israelí. La nación judía accederá a este tratado, o pacto, y algunos argumentan que sería más probable que los judíos confíen en otro judío que en un gentil para la seguridad y el futuro de ellos. Sin embargo, no hay ningún apoyo bíblico claro para la idea de que el anticristo tenga raíces judías.

De modo que encuentro más probable que el anticristo sea gentil. En primer lugar, el rey sirio Antíoco Epífanes (Daniel 11) es el claro prototipo del anticristo, y él era gentil. En segundo lugar, el período de tiempo que lleva a la tribulación y al fin del mundo recibe el nombre de «los tiempos de los gentiles» (Lucas 21:24), y el anticristo será el gobernante indiscutido del mundo gentil.

SU HISTORIAL

El libro de Daniel y el libro de Apocalipsis nos dan el mayor conocimiento acerca del anticristo. Un estudio cuidadoso de estos libros junto con varios otros pasajes revelan algunas de sus características distintivas.

1. *Se opondrá a Dios*

Este es el rasgo característico del anticristo. Esta oposición no sólo está implicada en su nombre, sino que también es identificada como su principal misión. «Y hablará palabras contra el Altísimo» (Daniel 7:25), es decir, se opondrá a Dios y también tratará de llegar a ser Dios. «Se opone y se levanta contra todo lo que se llama Dios o es objeto de culto; tanto que se sienta en el templo de Dios como Dios, haciéndose pasar por Dios» (2 Tesalonicenses 2:4).

2. *Tratará de cambiar la ley natural y la ley moral*

El anticristo «pensará en cambiar los tiempos y la ley» (Daniel 7:25). Los viejos paradigmas centrados en las viejas leyes se volverán inválidos. Surgirán nuevos paradigmas basados en nuevas leyes. Desde una perspectiva bíblica, estos nuevos paradigmas y estas nuevas leyes serán anti Dios y antibíblicas. El efecto neto de esas nuevas leyes será la iniquidad (2 Tesalonicenses 2:3).

3. *Surgirá en escena como un hombre de paz*

Apocalipsis 6:2 introduce al anticristo como un jinete montando un caballo blanco. Inicialmente traerá la paz al mundo estableciendo un tratado en el Oriente Medio. Pero la paz no será permanente, y a su tiempo el anticristo encabezará las fuerzas del mal para la batalla final contra Israel, llamada la batalla de Armagedón.

4. *Será irreligioso*

El anticristo será el humanista y secularista definitivo. «Del Dios de sus padres no hará caso, ni del amor de las mujeres; ni respetará a dios alguno» (Daniel 11:37). Romperá con las tradiciones del pasado y no mostrará preferencia por religión alguna. Esta podría ser la misma razón por la que recibirá la lealtad y la confianza de las religiones del mundo. Pero pronto surgirá su programa religioso, y perseguirá y hostigará a los santos.

5. *Poseerá un abrumador poder militar*

El dios que importa al anticristo no es de naturaleza religiosa, sino militar. Esto es, dará culto al dios de la fuerza y potencia militar. «Honrará en su lugar al dios de las fortalezas» (Daniel 11:38) es una referencia a un lugar de poder militar. El anticristo gastará enormes cantidades de dinero para adquirir este poder (v. 38) y luego lo empleará para derrotar otros poderes militares nacionales (v. 39). Constituirá alianzas para conseguir su objetivo de liderazgo mundial (v. 39). Su poder militar será indisputado. «¿Quién como la bestia, y quién podrá luchar contra ella?» (Apocalipsis 13:4).

6. *Reajustará los límites nacionales y los recursos materiales*

Los que se alineen con el anticristo recibirán recompensas. Recibirán poder político (Daniel 11:39), y también tierra, lo que parece implicar un reordenamiento de los límites territoriales y una redistribución de las riquezas nacionales. Parece que todo el mundo será trastocado bajo el anticristo.

7. *Se proclamará como Dios*

El anticristo se proclamará como Dios (2 Tesalonicenses 2:4). Esta idea puede parecer inverosímil en el sofisticado mundo en el que vivimos, pero en realidad no lo es. Hay una extendida aceptación intelectual del concepto de que los seres humanos son dios. El humanismo filosófico es un sistema que esencialmente deifica a los seres humanos. Es un sistema que fue desarrollado por el filósofo presocrático Protágoras, que acuñó la frase: «El hombre es la medida de todas las cosas.» El hombre es el centro del universo, no Dios. El hombre establece la moral y los valores. La conclusión lógica es que Dios es innecesario, si es que existe en absoluto.

El humanismo es el fundamento intelectual subyacente a lo que llamamos «el pensamiento moderno»: la edad científica, la edad del empirismo, la edad del racionalismo, la Ilustración. El humanismo es una filosofía o actitud que se centra exclusivamente en lo humano en oposición a lo divino o sobrenatural; ello va frecuentemente acompañado de una creencia de que somos capaces de conseguir la propia realización sin ayuda divina. Esto puede que sea una sobresimplificación de la filosofía humanista, pero su fondo es que en realidad no necesitamos a Dios. A nosotros nos toca mejorar la sociedad. Debemos educar a la gente. Y todo lo que necesitamos es a nosotros mismos, la ciencia y nuestra propia capacidad y creatividad.

¿Podría ser que el anticristo sea la expresión final y suprema del ideal de la filosofía humanista? Será una persona poseedora de una increíble capacidad intelectual y que parecerá ser la expresión definitiva de todo lo que la humanidad tiene de bueno, y ofrece la paz del mundo sin Dios. En las palabras de la canción de John Lennon: «Un mundo sin religión.» No necesitamos a Dios. No necesitamos religión. Todo lo que necesitamos lo tenemos en nosotros mismos.

La religión de la Nueva Era, que se está extendiendo por el mundo occidental, también abre el camino para la adoración del anticristo como dios. Tiene sus raíces en la religión oriental y en el panteísmo, la enseñanza de que «todo es Dios, Dios es todo». Todos somos dioses. Dios es el árbol y el pájaro. La religión de la Nueva Era es el viaje para descubrir al dios dentro de nosotros. ¿Será el anticristo el *guru* del pensamiento de la Nueva Era, la expresión definitiva de Dios?

Dadas esas corrientes filosóficas en la sociedad occidental, no es difícil imaginar el tiempo en que alguien entre en el escenario de la historia poseyendo una brillante capacidad de persuasión y unas impresionantes credenciales, y declarando: «El problema en el mundo es la religión. Es el judío y el árabe. Es el musulmán y el cristiano. Es el católico y el protestante. El problema del mundo es Dios. No necesitamos a Dios. Sólo necesitamos nuestras capacidades. A fin de cuentas, somos dios. Nosotros somos la medida de todas las cosas. Nosotros somos quienes determinamos nuestra suerte y nuestro futuro.» Y el mundo se vuelve a este imponente personaje y dice: «Sabes, tienes razón. Somos alguien. Poseemos la capacidad de alterar la sociedad para siempre. Podemos traer la paz al mundo.» Apartándose de la religión organizada, el mundo proclama a este personaje como el salvador definitivo de la humanidad: un dios.

EL ANTICRISTO E ISRAEL

Una destacada predicción acerca del anticristo es que concertará un «pacto» o tratado con el Estado de Israel por siete años (Daniel 9:27).

Hay varios acontecimientos relacionados que giran en torno de esta predicción de Daniel.

- Israel existirá como nación en la tierra.
- Habrá una perentoria necesidad de paz en el Oriente Medio y por ello la necesidad de un tratado.
- El templo de Jerusalén estará reconstruido en parte o en su totalidad.
- Se restablecerá el sistema levítico de sacrificios y de ofrendas.

A la mitad de este período, violará el tratado y abolirá las ofrendas y los sacrificios en el templo en Jerusalén. También profanará el templo y comenzará a perseguir a los judíos.

EL PROTOTIPO DEL ANTICRISTO

Y de uno de ellos salió un cuerno pequeño.

Daniel 8:9

Muchos eruditos bíblicos están de acuerdo en que el «cuerno» mencionado en este capítulo es Antíoco Epífanes. El hermano de Antíoco, Seleuco IV Filopater, era rey de Siria, pero fue asesinado en el 175 a.C. El hijo de Seleuco, Demetrio, era el legítimo heredero del trono, pero estaba en Roma como rehén. En medio de este desorden político y con intrigas, Antíoco se apoderó del trono. Añadió la palabra «Epífanes» a su título, que significa «el ilustre». Antíoco no sólo figura de manera destacada en la historia del Oriente Medio, sino que es también un prototipo del futuro anticristo.

1. *Su encumbramiento al poder*

Y de uno de ellos salió un cuerno pequeño, que creció mucho al sur, y al oriente, y hacia la tierra gloriosa.

Daniel 8:9

Este versículo nos dice que Antíoco conquistó tierra al sur (Egipto), al este (Armenia) y la «Tierra Gloriosa» (Palestina). Los antiguos registros históricos de Antíoco Epifanes describen batallas en todas estas regiones.

2. *Su opresión*

> Y se engrandeció hasta el ejército del cielo; y parte del ejército y de las estrellas echó por tierra, y las pisoteó.
>
> *Daniel 8:10*

¿Qué significa que tras conquistar todos los territorios mencionados, Antíoco Epífanes alcanzó al «ejército del cielo» y que echó algunas de las estrellas y las pisoteó? Creo que se trata de una manera metafórica de decir que oprimió al pueblo judío. Las estrellas del cielo representan a los judíos.

> Luego vino a él palabra de Jehová, diciendo: No te heredará éste, sino un hijo tuyo será el que te heredará. Y lo llevó fuera, y le dijo: Mira ahora los cielos, y cuenta las estrellas, si las puedes contar. Y le dijo: Así será tu descendencia.
>
> *Génesis 15:4-5*

Antíoco se opuso a los judíos y comenzó a perseguirlos y a acosarlos. El terror de aquellos días se registra en el libro de Macabeos.

> Había también siete hermanos que fueron arrestados con su madre. El rey intentó obligarlos a comer carne de cerdo, lo que la Ley prohíbe, torturándolos con látigos y azotes. Uno de ellos, actuando como portavoz de los otros, dijo: «¿Qué queréis conseguir de nosotros? Estamos dispuestos a morir antes que quebrantar la ley de nuestros antepasados.» Enfurecido, el rey ordenó calentar sartenes y calderos al fuego. En cuanto estuvieron al rojo vivo mandó que al que les hacía de portavoz le arrancasen la lengua, le cortasen el cuero cabelludo y le cortasen asimismo las manos y los pies, mientras sus hermanos y su madre lo contemplaban. Cuando quedó así totalmente imposibilitado, el rey dio orden de que lo llevaran todavía vivo al fuego y que lo frieran vivo en una sartén. Mientras el humo de la sartén subía y se arremolinaba, su madre y el resto se animaban unos a otros a morir noblemente, con palabras así: «El Señor Dios está observando, y ciertamente se apiada de nosotros, como en el cántico en que Moisés dio testimonio contra el pueblo a su rostro, proclamando que "Él ciertamente se apiadará de sus siervos".»
>
> *2 Macabeos 7:1-6*

3. *Su desolación*

> Aun se engrandeció contra el príncipe de los ejércitos, y por
> él fue quitado el continuo sacrificio, y el lugar de su santua-
> rio fue echado por tierra. Y a causa de la prevaricación le
> fue entregado el ejército junto con el continuo sacrificio, y
> echó por tierra la verdad, e hizo cuanto quiso, y prosperó.
> *Daniel 8:11-12*

Antíoco se exaltó a la medida de un dios. Hizo acuñar monedas
que llevaban la inscripción *Theos Antiochus, Theos Epiphanes,* que
significa «Dios Antíoco—Dios manifestado.» Prohibió los sacrificios
en el templo y profanó el altar ofreciendo sobre el mismo cerdos como
sacrificios. El libro de Macabeos describe esos días de infamia.

> Entonces el rey hizo proclamar a todo su reino que todos de-
> bían venir a ser un solo pueblo, y que cada uno debía renun-
> ciar a sus costumbres particulares. Todos los paganos se
> amoldaron al decreto del rey, y muchos israelitas decidieron
> aceptar su religión, sacrificando a ídolos y profanando el sá-
> bado. El rey envió también instrucciones mediante mensaje-
> ros a Jerusalén y a las ciudades de Judá, mandándoles que
> adoptasen costumbres ajenas al país, prohibiendo los
> holocaustos, los sacrificios y las libaciones del santuario, pro-
> fanando sábados y fiestas, contaminando el santuario y los
> ministros sagrados, erigiendo altares, lugares y santuarios a
> ídolos, sacrificando cerdos y animales inmundos, prohibien-
> do la circuncisión a sus hijos, y prostituyéndose a toda clase
> de impureza y abominación, a fin de que olvidasen la Ley y
> revocasen toda observancia de la misma. Todo aquel que no
> obedeciese el mandamiento del rey debía ser muerto. Escri-
> biendo en estos términos a todas las partes de su reino, el rey
> designó a inspectores para todo el pueblo, y mandó a todas
> las ciudades de Judá que ofreciesen sacrificio, una tras la otra.
> *1 Macabeos 1:41-54*

4. *Su derrota*

> Entonces oí a un santo que hablaba; y otro de los santos pre-
> guntó a aquel que hablaba: ¿Hasta cuándo durará la visión

del continuo sacrificio, y la prevaricación asoladora entregando el santuario y el ejército para ser pisoteados?

Y él dijo: Hasta dos mil trescientas tardes y mañanas; luego el santuario será purificado.

Daniel 8:13-14

«La prevaricación asoladora» involucra la profanación del altar en el templo en Jerusalén. Antíoco erigió un altar a Zeus sobre el altar judío y ofreció animales inmundos —cerdos— como sacrificios. El texto predice que esta desolación duraría 2.300 días —aproximadamente seis años—. Antíoco comenzó su profanación el 171 a.C.

El insolente desafío de Dios y de la religión judía por parte de Antíoco provocó una rebelión que finalmente llevó a su caída, una rebelión conocida como la revuelta macabea.

En aquellos días Matatías, hijo de Juan, hijo de Simeón, un sacerdote del linaje de Joarib, se fue de Jerusalén y se asentó en Modéin. Tenía cinco hijos, Juan conocido como Gaddi, Simón llamado Tassi, Judas llamado Macabeo, Eleazar llamado Avarán, y Jonatán llamado Apfus. Cuando vio las blasfemias que se estaban cometiendo en Judá y en Jerusalén, dijo: «¡Ay, que yo haya nacido para contemplar la destrucción de mi pueblo y la destrucción de la Santa Ciudad, y estar mano sobre mano mientras es entregada a sus enemigos, y el santuario en manos de extranjeros.

»Su templo ha venido a ser como un hombre sin honra, los vasos que eran su gloria han sido llevados como botín, sus niños de pecho han sido degollados por sus calles, sus jóvenes muertos a espada por el enemigo. ¿Hay alguna nación que no haya reclamado una parte de sus prerrogativas reales, que no haya tomado algo de su botín? Todos sus ornamentos le han sido arrebatados, su antigua libertad se ha tornado en esclavitud. Ved cómo nuestro Santuario, nuestra hermosura, nuestra gloria, es ahora devastado, profanado por los paganos. ¿Para qué vamos a vivir más?»

Matatías y sus hijos rasgaron sus vestiduras, se vistieron de cilicio, y se afligieron profundamente.

Los comisionados del rey encargados de aplicar la apostasía llegaron a la ciudad de Modéin para hacerlos sacrificar. Muchos israelitas se reunieron alrededor de ellos, pero

Matatías y sus hijos se apartaron. Los comisionados del rey se dirigieron entonces a Matatías con estas palabras: «Eres un dirigente respetado, un gran hombre en esta ciudad; tienes hijos y hermanos que te apoyan. Sé el primero en pasar adelante y en obedecer el decreto del rey, como lo han hecho todas las naciones, y los dirigentes de Judá y los sobrevivientes en Jerusalén; tú y tus hijos estaréis considerados entre los Amigos del rey, tú y tus hijos seréis honrados con oro y plata y muchos presentes.» Levantando la voz, Matatías respondió: «Incluso si cada nación que se halla en los dominios del rey le obedece, cada una de ellos abandonando su religión ancestral para amoldarse a sus decretos, yo y mis hijos y mis hermanos seguiremos en pos del pacto de nuestros antepasados. Que el cielo nos libre de abandonar la Ley y sus preceptos. En cuanto a las órdenes del rey, no las seguiremos; no nos desviaremos de nuestra religión ni a la derecha ni a la izquierda.» Cuando terminó de hablar, un judío se adelantó ante todos para ofrecer sacrificio en el altar en Modéin como lo demandaba el edicto real. Cuando Matatías lo vio, se encendió de celo; conmovido hasta lo más hondo de su ser, dio rienda suelta a su justa ira, se lanzó sobre aquel hombre y lo degolló sobre el altar. Al mismo tiempo mató al comisionado del rey que estaba allí para imponer el sacrificio y derribó el altar. En su celo por la Ley, hizo como Finees contra Zimri el hijo de Salu. Entonces Matatías recorrió la ciudad, gritando a voz en cuello: «Que todo aquel que tenga fervor por la Ley y tome partido por el pacto, que salga y me siga.» Entonces huyó con sus hijos a los montes, dejando todas sus posesiones atrás en la ciudad.

1 Macabeos 2:1-28

Matatías murió poco después de este acontecimiento y yu hijo Judas, llamado «el Martillo», constituyó una banda de guerrilleros. Sus tácticas condujeron a la caída de Antíoco. Aunque Antíoco tenía 100.000 infantes, 20.000 jinetes y 32 elefantes, no era rival para Judas y sus guerrillas. Antíoco se vio forzado a volver a Siria. Demetrio, que era el legítimo rey de Siria y que para aquel entonces había sido liberado de la cárcel en Roma, estaba ahora en el trono. Arrestó a Antíoco y lo hizo decapitar.

En el 165 a.C. el templo fue limpiado y rededicado, y fueron restaurados los sacrificios judíos. El 25 de diciembre de aquel año comenzó una celebración de ocho días, durante la que se encendía una vela cada día. En la actualidad se conoce como la fiesta de Hanuka, o fiesta de las luces.

LA HISTORIA SE REPITE

El resto de Daniel 8 narra cómo el ángel Gabriel interpretó el significado de la visión del «cuerno» a Daniel. Gabriel reveló que «la visión es para el tiempo del fin» (v. 17) y «para muchos días» (v. 26). La explicación indica que las circunstancias históricas que rodean a la revuelta macabea tienen un paralelo en los tiempos del fin.

> Y dijo: He aquí yo te enseñaré lo que ha de venir al fin de la ira; porque eso es para el tiempo del fin. En cuanto al carnero que viste, que tenía dos cuernos, éstos son los reyes de Media y de Persia. El macho cabrío es el rey de Grecia, y el cuerno grande que tenía entre sus ojos es el rey primero. Y en cuanto al cuerno que fue quebrado, y sucedieron cuatro en su lugar, significa que cuatro reinos se levantarán de esa nación, aunque no con la fuerza de él.
>
> Y al fin del reinado de éstos, cuando los transgresores lleguen al colmo, se levantará un rey altivo de rostro y entendido en enigmas. Y su poder se fortalecerá, mas no con fuerza propia; y causará grandes ruinas, y prosperará, y hará arbitrariamente, y destruirá a los fuertes y al pueblo de los santos. Con su sagacidad hará prosperar el engaño en su mano; y en su corazón se engrandecerá, y sin aviso destruirá a muchos; y se levantará contra el Príncipe de los príncipes, pero será quebrantado, aunque no por mano humana.
>
> *Daniel 8:19-25*

Antíoco Epífanes es un prototipo del anticristo. El maestro definitivo de la intriga es descrito en unos términos excepcionales. Se fortalecerá, mas no con fuerza propia: probablemente una referencia al poder de Satanás. Perseguirá al pueblo santo. Se ensalzará como dios y profanará el templo. Será destruido, pero no por poder humano: una referencia a una intervención divina, esto es, la segunda venida de Cristo.

LA DERROTA DEL ANTICRISTO

Después que el anticristo establezca el tratado de paz con Israel, una coalición que incluye Egipto y Siria amenaza la seguridad de Israel (Daniel 11:40). El anticristo defiende a Israel y rechaza estas fuerzas aliadas (Ezequiel 38—39). Luego se forma otra coalición que incluye un ejército de doscientos millones de oriente (Daniel 11:44). Este ejército, junto con ayuda procedente del norte, se mueve contra Israel con el propósito de aniquilar a los judíos. En un momento determinado, el anticristo se une a estas fuerzas, y así queda preparado el escenario para la venida de Jesucristo para derrotar estos ejércitos en la madre de todas las batallas: Armagedón.

> Y vi a la bestia, a los reyes de la tierra y a sus ejércitos, reunidos para guerrear contra el que montaba el caballo, y contra su ejército. Y la bestia fue apresada, y con ella el falso profeta que había hecho delante de ella las señales con las cuales había engañado a los que recibieron la marca de la bestia, y habían adorado su imagen. Estos dos fueron lanzados vivos dentro de un lago de fuego que arde con azufre. Y los demás fueron muertos con la espada que salía de la boca del que montaba el caballo, y todas las aves se saciaron de las carnes de ellos.
>
> *Apocalipsis 19:19-21*

NOTAS

1. Thomas Ice y Timothy Demy, *El anticristo y su reino* (Grand Rapids: Editorial Portavoz, 1997) 9, 10.

Capítulo 7

La gran tribulación

*I*ndependence Day [Día de la independencia] es una de aquellas películas que te mantiene en perpetua tensión. Desde la llegada de las naves espaciales alienígenas, pasando por la destrucción de grandes ciudades y hasta el conflicto final, el corazón se desboca. Mientras contemplaba la película me sentía estupefacto ante el absoluto caos y desmoronamiento de la estructura de la sociedad frente a circunstancias incontrolables. A pesar de todos sus recursos tecnológicos, de sus estructuras políticas y de su potencia militar nuclear, los Estados Unidos se veían incapaces de detener el asalto de los invasores extraterrestres.

Esta película hacía recordar un tiempo futuro en el que todo el mundo se verá incapaz de tratar con una situación que se descontrola. En aquel día el pánico, el temor y el caos embargarán los corazones de los hombres. Habrá un período de siete años de «gran tribulación, cual no la ha habido desde el principio del mundo hasta ahora, ni la habrá» (Mateo 24:21). Jesús advirtió que «si aquellos días no fuesen acortados, nadie sería salvo» (v. 22).

EL ANTIGUO TESTAMENTO Y LA GRAN TRIBULACIÓN

A lo largo del Antiguo Testamento, los profetas predijeron un tiempo futuro sobre la tierra en que Dios derramaría su ira y habría gran angustia y tribulación como nunca antes en la historia de la raza humana. Se usan varias frases o títulos para describir este acontecimiento, que es más generalmente conocido como la gran tribulación. Entre esos nombres hay los siguientes:

1. *El día de venganza*

> *Jehová está airado contra todas las naciones,*
> *   e indignado contra todo el ejército de ellas;*
> *las destruirá,*
> *   y las entregará al matadero.*
> *Y los muertos de ellas serán arrojados,*
> *   y de sus cadáveres se levantará hedor;*
> *y los montes se disolverán por la sangre de ellos...*
> *Porque es día de venganza de Jehová,*
> *   año de retribuciones en el pleito de Sion.*
>
> *Isaías 34:2-3, 8*

2. *El tiempo de angustia para Jacob*
> *   ¡Ah, cuán grande es aquel día!*
> *   tanto, que no hay otro semejante a él;*
> *   tiempo de angustia para Jacob;*
> *   pero de ella será librado.*
> *   En aquel día, dice Jehová de los ejércitos*
> *   yo quebraré su yugo de tu cuello,*
> *   y romperé tus coyundas,*
> *   y extranjeros no lo volverán más a poner en*
> *   servidumbre,*
> *   sino que servirán a Jehová su Dios*
> *   y a David su rey,*
> *   a quien yo les levantaré.*
>
> *Jeremías 30:7-9*

3. *Tiempo de angustia*

En aquel tiempo se levantará Miguel, el gran príncipe que está de parte de los hijos de tu pueblo; y será tiempo de angustia, cual nunca fue desde que hubo gente hasta entonces; pero en aquel tiempo será libertado tu pueblo, todos los que se hallen en el libro. *Daniel 12:1*

4. *El día de Jehová*

> *Tocad trompeta en Sion,*
> *   y dad alarma en mi santo monte.*

> *tiemblen todos los moradores de la tierra,*
> *porque viene el día de Jehová,*
> *porque está cercano.*
>
> *Joel 2:1*

5. *El día grande de Jehová*

> *Cercano está el día grande de Jehová,*
> *cercano y muy próximo;*
> *es amarga la voz del día de Jehová;*
> *gritará allí el valiente.*
> *Día de ira aquel día,*
> *día de angustia y aprieto,*
> *día de alboroto y de asolamiento,*
> *día de nublado y de entenebrecimiento.*
>
> *Sofonías 1:14-15*

JESÚS Y LA GRAN TRIBULACIÓN

Una de las más detalladas descripciones de la gran tribulación se encuentra en Mateo 24. Los discípulos preguntaron a Jesús: «¿Qué señal habrá de tu venida, y del fin del siglo?» (Mateo 24:3). Jesús respondió dando una lista de muchas señales, no sólo una señal principal. Jesús describió los siete años de tribulación como compuestos por dos partes. Los tres años y medio primeros se describen en los versículos 4-14; la segunda parte de tres años y medio se describe en los versículos 15-31.

La primera mitad

Jesús identificó dos clases de señales que advertirán del fin del mundo y de su venida: señales naturales y señales espirituales.

1. Señales naturales
   - Guerras y rumores de guerras
   - Hambres
   - Terremotos
2. Señales espirituales
   - Falsos cristos
   - Persecución contra los cristianos
   - Martirio
   - Las personas se apartarán de la fe
   - Falsos profetas

- El amor se enfriará
- El evangelio será predicado en todo el mundo

Estas señales se explicarán en el capítulo 10, «Cincuenta extraordinarios acontecimientos que indican el fin.»

La segunda mitad

Jesús predijo que la segunda mitad de la tribulación sería peor que la primera. Dijo: «Porque habrá entonces gran tribulación, cual no la ha habido desde el principio del mundo hasta ahora, ni la habrá» (Mt. 24:21). Se predicen tres acontecimientos para este período.

1. *La abominación de desolación* (Mateo 24:15)

Vimos en el anterior capítulo que el anticristo establecerá paz en el Medio Oriente y restaurará el culto del templo en Jerusalén, y que luego violará el tratado y profanará el templo.

2. *Acontecimientos cataclísimicos en el universo*

> E inmediatamente después de la tribulación de aquellos días,
> *el sol se oscurecerá,*
> *y la luna no dará su resplandor,*
> *y las estrellas caerán del cielo,*
> *y las potencias de los cielos serán conmovidas.*
> *Mateo 24:29*

No sabemos si estos acontecimientos celestiales serán causados por acción humana o por intervención divina. El oscurecimiento del sol, de la luna y de las estrellas puede describir el resultado de una destrucción nuclear, cuando el aire quede lleno de polvo y partículas que oculten la luz del sol. O bien podría tratarse de la acción directa de Dios al sacudir los fundamentos del universo. En todo caso, los acontecimientos tienen un impacto descomunal.

3. *La venida de Jesús*

> Entonces aparecerá la señal del Hijo del Hombre en el cielo;
> y entonces lamentarán todas las tribus de la tierra, y verán al
> Hijo del Hombre viniendo sobre las nubes del cielo, con poder y gran gloria. Y enviará sus ángeles con gran voz de trom-

peta, y juntarán a sus escogidos, de los cuatro vientos, desde un extremo del cielo hasta el otro.					*Mateo 24:30-31*

La gran tribulación concluirá con la venida de Jesucristo para establecer su reino. Llegará con los ejércitos del cielo y derrotará al anticristo y a sus ejércitos en la batalla de Armagedón. Jesús establecerá entonces un reino mundial con capital en Jerusalén. Luego gobernará en paz durante mil años.

EL LIBRO DE APOCALIPSIS

Apocalipsis, el último libro de la Biblia, contiene la descripción más detallada de todas acerca del fin del mundo, mucho de lo cual está expresado en términos e imágenes simbólicas. *Apocalipsis* en griego significa «revelación»; el título de este libro es «La revelación de Jesucristo» (Ap. 1:1). Este término lo empleamos para describir el fin del mundo o acontecimientos cataclísmicos como una guerra nuclear. Pero el sentido original del griego es diferente: es el «desvelamiento» o la «revelación» de alguien o de algo. El tema del libro de Apocalipsis es la revelación de Jesucristo; esto es, de su manifestación en la Segunda Venida. Aunque el libro de Apocalipsis trata acerca de todo el conjunto de acontecimientos que rodean al fin del mundo, su tema primordial es la venida de Jesucristo.

El libro está dividido en tres secciones principales, siendo la última con mucho la más larga.

Escribe las cosas que has visto, y las que son, y las que han de ser después de estas.

Apocalipsis 1:19

La primera división, descrita mediante la frase «las cosas que has visto», involucra la visión del escritor, el apóstol Juan, tal como está registrada en el capítulo 1. La segunda división, «las [cosas] que son», contiene siete mensajes a las siete iglesias en Asia Menor (capítulos 2—3). La tercera división, «las [cosas] que han de ser después de estas» es un pasaje profético que comprende los restantes diecinueve capítulos.

Y al instante yo estaba en el Espíritu; y he aquí un trono establecido en el cielo, y en el trono, uno sentado.

Apocalipsis 4:2

No hay mención de la iglesia como presente en la tierra durante el período de la tribulación. Sin embargo, en los primeros tres capítulos del libro de Apocalipsis, la iglesia es el centro de atención. En Apocalipsis 1, Jesús camina en medio de las iglesias. En los capítulos 2 y 3 se dan siete mensajes a las siete iglesias. Pero desde el capítulo 4 y hasta el final del libro, la iglesia no es mencionada en absoluto por lo que respecta a los acontecimientos predichos para el planeta Tierra. ¿Qué le sucede a la iglesia? Creo que entre el capítulo 3 (el final de la edad de la iglesia) y el capítulo 4 (el comienzo de la gran tribulación) la iglesia es arrebatada y los santos son trasladados al cielo.

Apocalipsis 4 nos da un atisbo del culto y de las celebraciones que tienen lugar en el cielo tras el arrebatamiento. El capítulo 5 revela que hay allí un rollo, en el trono de Dios, que revela lo que sucederá en la tierra. Leemos que sólo el Cordero de Dios —Jesús— es digno de romper los siete sellos del rollo y mirar en su interior.

Los siete sellos

La tribulación comienza con la apertura del rollo, un sello cada vez (6:1).

1. *El primer sello: Un caballo blanco*

> Vi cuando el Cordero abrió uno de los sellos, y oí a uno de los cuatro seres vivientes decir como en voz de trueno: Ven y mira. Y miré, y he aquí un caballo blanco; y el que lo montaba tenía un arco; y le fue dada una corona, y salió venciendo, y para vencer.
>
> *Apocalipsis 6:1-2*

Muchos eruditos bíblicos creen que se trata de una referencia al anticristo, que surgirá en la escena mundial ofreciendo paz, simbolizado apropiadamente por un caballo blanco. El anticristo forjará esta paz con el poder militar (un arco) y el poder político (una corona).

2. *El segundo sello: Un caballo bermejo*

> Cuando [el Cordero] abrió el segundo sello, oí al segundo ser viviente, que decía: Ven y mira. Y salió otro caballo, bermejo, y al que lo montaba le fue dado poder de quitar de

la tierra la paz, y que se matasen unos a otros; y se le dio
una gran espada.

Apocalipsis 6:3-4

La paz inicial ofrecida por el anticristo queda pronto rota, y se
desencadena la guerra en la tierra.

3. *El tercer sello: Un caballo negro*

Cuando [el Cordero] abrió el tercer sello, oí al tercer ser viviente, que decía: Ven y mira. Y miré, y he aquí un caballo
negro; y el que lo montaba tenía una balanza en la mano. Y
oí una voz de en medio de los cuatro seres vivientes, que
decía: Dos libras de trigo por un denario, y seis libras de
cebada por un denario; pero no dañes el aceite ni el vino.

Apocalipsis 6:5-6

Este caballo representa una hambruna a nivel mundial. Frente a
este aprieto global, unas cuantas personas se harán sólo más ricos:
no habrá daño para «el aceite y el vino».

4. *El cuarto sello: Un caballo amarillo*

Cuando [el Cordero] abrió el cuarto sello, oí la voz del cuarto
ser viviente, que decía: Ven y mira. Miré, y he aquí un caballo amarillo, y el que lo montaba tenía por nombre Muerte,
y el Hades le seguía; y le fue dada potestad sobre la cuarta
parte de la tierra, para matar con espada, con hambre, con
mortandad, y con las fieras de la tierra.

Apocalipsis 6:7-8

Ahora se intensifican el alcance y la hondura de los problemas
globales. La guerra, el hambre, las enfermedades y las calamidades
naturales comienzan a hacer sentir sus efectos sobre la raza humana. Muere una cuarta parte de la población de la tierra.

5. *El quinto sello: Los martirizados*

Cuando abrió el quinto sello, vi bajo el altar las almas de
los que habían sido muertos por causa de la palabra de Dios

> y por el testimonio que tenían. Y clamaban a gran voz, di-
> ciendo: ¿Hasta cuándo, Señor, santo y verdadero, no juzgas
> y vengas nuestra sangre en los que moran en la tierra? Y se
> les dieron vestiduras blancas, y se les dijo que descansasen
> todavía un poco de tiempo, hasta que se completara el nú-
> mero de sus consiervos y sus hermanos, que también habían
> de ser muertos como ellos.   *Apocalipsis 6:9-11*

El quinto sello trata de acontecimientos en el cielo, no sobre la tierra. Los que habían sido martirizados por su fe en Dios preguntan cuándo serán vengadas sus muertes. Se les recuerda que hay más que han de ser martirizados antes que Dios ejecute juicio en favor de ellos.

6. *El sexto sello: Calamidades naturales*

> Miré cuando abrió el sexto sello, y he aquí hubo un gran
> terremoto; y el sol se puso negro como tela de cilicio, y la
> luna se volvió toda como sangre; y las estrellas del cielo
> cayeron sobre la tierra, como la higuera cuando es sacudida
> por un fuerte viento. Y el cielo se desvaneció como un per-
> gamino que se enrolla; y todo monte y toda isla se removió
> de su lugar.
>
> *Apocalipsis 6:12-14*

Esas calamidades excederán a todo lo que el mundo haya experimentado antes. Son tan intensas que los líderes políticos del mundo quedan totalmente impotentes.

7. *El séptimo sello: Las siete trompetas*

> Cuando abrió el séptimo sello, se hizo silencio en el cielo
> como por media hora. Y vi a los siete ángeles que estaban
> en pie ante Dios; y les dieron siete trompetas.
>
> *Apocalipsis 8:1-2*

El séptimo sello contiene los siete juicios de trompetas. Pero antes que comiencen hay silencio en el cielo durante treinta minutos. Es la calma antes de la siguiente tempestad.

Las siete trompetas

> Y los siete ángeles que tenían las trompetas se dispusieron a tocarlas.
>
> *Apocalipsis 8:6*

Los juicios de las trompetas del séptimo sello son más intensos que los de los precedentes seis sellos.

1. *La primera trompeta: La tierra*

> El primer ángel tocó la trompeta, y hubo granizo y fuego mezclados con sangre, que fueron lanzados sobre la tierra; y la tercera parte de los árboles se quemó, y se quemó toda la hierba verde.
>
> *Apocalipsis 8:7*

Tanto si las calamidades de la primera trompeta son un resultado de la destrucción nuclear como un acto directo de Dios, su efecto sobre el planeta Tierra es devastador.

2. *La segunda trompeta: El mar*

> El segundo ángel tocó la trompeta, y como una gran montaña ardiendo en fuego fue precipitada en el mar; y la tercera parte del mar se convirtió en sangre. Y murió la tercera parte de los seres vivientes que estaban en el mar, y la tercera parte de las naves fue destruida.
>
> *Apocalipsis 8:8-9*

Una vez más, la descripción de este acontecimiento sugiere que podría proceder de alguna forma de explosión nuclear. ¿Podríamos imaginar el hedor tras la muerte de una tercera parte de los peces del mar?

3. *La tercera trompeta: Los ríos*

> El tercer ángel tocó la trompeta, y cayó del cielo una gran estrella, ardiendo como una antorcha, y cayó sobre la tercera parte de los ríos, y sobre las fuentes de las aguas ... Y la tercera parte de las aguas se convirtió en ajenjo; y muchos

de los hombres murieron a causa de esas aguas, porque se hicieron amargas.

Apocalipsis 8:10-11

El tercer juicio incluye la caída de una estrella llamada Ajenjo que envenenará una tercera parte del agua dulce en la tierra. Como consecuencia morirán muchas personas.

4. *La cuarta trompeta: El sol, la luna y las estrellas*

El cuarto ángel tocó la trompeta, y fue herida la tercera parte del sol, y la tercera parte de la luna, y la tercera parte de las estrellas, para que se oscureciese la tercera parte de ellos, y no hubiese luz en la tercera parte del día, y asimismo de la noche.   *Apocalipsis 8:12*

Los juicios de Dios no se limitan a la tierra, hasta el sol, la luna y las estrellas quedan afectados. El resultado es un día más corto y una noche más larga.

Esas primeras cuatro trompetas significan el desastre ecológico y físico para el planeta: vegetación quemada, envenenamiento de los océanos y de las aguas interiores, que se vuelven amargas. Incluso quedan alterados los ciclos normales del día y de la noche. Pero lo peor está todavía por llegar.

Y miré, y oí un ángel volar por en medio del cielo, diciendo a gran voz: ¡Ay, ay, ay, de los que moran en la tierra, a causa de los otros toques de trompeta que están para sonar los tres ángeles!

Apocalipsis 8:13

5. *La quinta trompeta: Actividad demoníaca*

El quinto ángel tocó la trompeta, y vi una estrella que cayó del cielo a la tierra; y se le dio la llave del pozo del abismo. Y abrió el pozo del abismo, y subió humo del pozo como humo de un gran horno; y se oscureció el sol y el aire por el humo del pozo. Y del humo salieron langostas sobre la tierra; y se les dio poder, como tienen poder los escorpiones de la tierra ... Y en aquellos días los hombres buscarán la muerte, pero no la hallarán; y ansiarán morir, pero la muerte huirá de ellos.

Apocalipsis 9:1-3, 6

La quinta trompeta señala el comienzo de un aumento en la actividad demoníaca sobre la tierra. La palabra «pozo del abismo» denota sin fondo e indica un lugar donde están encarcelados muchos demonios caídos (Lucas 8:31; Judas 6). Durante la tribulación, serán soltados y atormentarán a los seres humanos. El jefe de estos demonios se llama en hebreo Abadón, y en griego Apolión. Ambos términos significan destrucción y muerte y se refieren al mismo Satanás.

6. *La sexta trompeta: Los ángeles*

El sexto ángel tocó la trompeta, y oí una voz de entre los cuatro cuernos del altar que estaba delante de Dios ... Y fueron desatados los cuatro ángeles que estaban preparados para la hora, día, mes y año, a fin de matar a la tercera parte de los hombres ... Por estas tres plagas fue muerta la tercera parte de los hombres; por el fuego, el humo y el azufre que salían de su boca.

Apocalipsis 9:13, 15, 18

Una tercera parte de la población del mundo es muerta por caballos exhaladores de fuego llevados por un ejército de 200 millones de jinetes (vv. 16-17).

7. *La séptima trompeta: La Segunda Venida*
Los acontecimientos de la séptima trompeta suceden en el cielo, no en la tierra, y culminan en la dramática proclamación de que por fin ha de quedar establecido el reino eterno de Cristo.

El séptimo ángel tocó la trompeta, y hubo grandes voces en el cielo, que decían:
*Los reinos del mundo han venido a ser
de nuestro Señor y de su Cristo;
y él reinará por los siglos de los siglos.*

Y el templo de Dios fue abierto en el cielo, y el arca de su

pacto se veía en el templo. Y hubo relámpagos, voces, true-
nos, un terremoto y grande granizo.

Apocalipsis 11:15, 19

Milagros en medio de la locura

Hasta ahora, la gran tribulación parece no ser nada más que tinieblas y desolación como desde luego lo sugiere el término. Pero, incluso en medio de esos trágicos acontecimientos, Dios tiene a
aquellos que son fieles a la verdad y que viven como testigos de él.
Esos fieles incluyen «ciento cuarenta y cuatro mil sellados de todas
las tribus de Israel» (Apocalipsis 7:1-8) y a dos personajes especia-
les considerados como «mis dos testigos» (Apocalipsis 11:1-13).

La historia de los dos testigos comienza cuando el apóstol Juan
recibe la orden de medir el templo en Jerusalén durante su visión.
Aunque el templo ha sido reconstruido y ha sido reavivado el culto,
la ciudad sigue bajo influencia gentil: específicamente, el poder del
anticristo, que anteriormente había concertado un tratado de paz con
Israel. Durante este tiempo, Dios envía dos testigos, que son «los
dos olivos, y los dos candeleros» (v. 4). Esta metáfora hace referencia al ministerio de Josué y Zorobabel, que eran respectivamente el
sumo sacerdote y el gobernador después que los judíos volvieran a
Palestina después de la Cautividad (Zacarías 3—4). Esos dos fueron mensajeros de Dios durante tiempos difíciles, y los dos testigos
de la tribulación son sus mensajeros durante los tiempos más difíciles de todos.

Algunos creen que estos dos testigos son Elías y Enoc: los dos
personajes del Antiguo Testamento que no murieron. Otros creen que
se trata de Moisés y Elías (Malaquías 4:4-5). En todo caso, esos hombres dan un poderoso testimonio de Dios mediante milagros (Apocalipsis 11:5-6). Finalmente, son muertos por Satanás (v. 7) y sus
cuerpos son dejados yacer en las calles de Jerusalén. Durante tres
días y medio todo el mundo los contempla (v. 9), y luego son mila-
grosamente resucitados de los muertos y arrebatados al cielo (vv. 11-
12).

Esta predicción acerca de los dos testigos exige la existencia de
ciertas condiciones antes que pueda materializarse:
- *Una realidad política.* Los judíos deben estar habitando en la
  tierra y ocupando Jerusalén, la capital.
- *Realidad espiritual.* El templo debe haber sido reedificado y
  el culto debe estar restaurado.

- *La realidad tecnológica.* Todo el mundo ha de ser capaz de ver los cuerpos de esos testigos que yacen en las calles de Jerusalén.

Los juicios más severos de todos

Dios derrama ahora sus últimos y más severos juicios sobre la tierra. En tanto que estos juicios son similares a las plagas enviadas sobre Egipto (Éxodo 7:20—12:30), su gravedad desafía a toda explicación o comprensión.

1. *La primera copa: Dolorosas úlceras*

> Fue el primero [de los ángeles], y derramó su copa sobre la tierra, y vino una úlcera maligna y pestilente sobre los hombres que tenían la marca de la bestia, y que adoraban su imagen.
>
> *Apocalipsis 16:2*

Aquí tenemos un juicio sobre los que forman parte del gobierno unificado mundial y de la religión unificada mundial.

2. *La segunda copa: El mar*

> El segundo ángel derramó su copa sobre el mar, y éste se convirtió en sangre como de muerto; y murió todo ser vivo que había en el mar.
>
> *Apocalipsis 16:3*

Durante el juicio de la segunda trompeta murieron una tercera parte de las criaturas marinas. Ahora muere el resto.

3. *La tercera copa: Las aguas*

> El tercer ángel derramó su copa sobre los ríos, y sobre las fuentes de las aguas, y se convirtieron en sangre. Y oí al ángel de las aguas que decía:
> > *Justo eres tú, oh Señor, ... Por cuanto*
> > *derramaron la sangre de los santos y de los profetas.*
> > *Apocalipsis 16:4-6*

Parece que ahora toda el agua de la tierra queda contaminada.

4. *La cuarta copa: El sol*

> El cuarto ángel derramó su copa sobre el sol, al cual fue dado
> quemar a los hombres con fuego.
>
> *Apocalipsis 16:8*

No podemos estar seguros de si esta conflagración es resultado de
la total destrucción de la capa de ozono o que sea un acto directo de
Dios. Pero el efecto es el mismo: esa gente son quemados por el sol.

5. *La quinta copa: Tinieblas*

> El quinto ángel derramó su copa sobre el trono de la bestia;
> y su reino se cubrió de tinieblas.
>
> Apocalipsis 16:10

Durante este juicio descienden tinieblas sobre todo el mundo.

6. *La sexta copa: El Éufrates*

> El sexto ángel derramó su copa sobre el gran río Éufrates; y
> el agua de este se secó, para que estuviese preparado el ca-
> mino a los reyes del oriente.
>
> *Apocalipsis 16:12*

Antes de la última confrontación, la batalla de Armagedón, el río
Éufrates se secará para hacer posible que el ejército de una alianza
de oriente invada Israel. Este juicio de las copas señala el comienzo
de los preparativos para esta batalla final.

7. *La séptima copa: El mayor terremoto habido*

> El séptimo ángel derramó su copa por el aire; y salió una
> gran voz del templo del cielo, del trono, diciendo: Hecho
> está. Entonces hubo relámpagos y voces y truenos, y un gran
> temblor de tierra, un terremoto tan grande, cual no lo hubo
> jamás desde que los hombres han estado sobre la tierra.
>
> *Apocalipsis 16:17-18*

El último de esos juicios es un potente terremoto que afecta a cada isla y montaña del mundo (v. 20). Va acompañado de una tempestad con granizo de hasta 37 kilogramos de peso (v. 21).

Es interesante observar la reacción de los seres humanos ante estos acontecimientos terminales y devastadores.

> Y los hombres se quemaron con el gran calor, y blasfemaron el nombre de Dios, que tiene poder sobre estas plagas, y no se arrepintieron para darle gloria.
>
> *Apocalipsis 16:9*

> Y mordían de dolor sus lenguas, y blasfemaron contra el Dios del cielo por sus dolores y por sus úlceras, y no se arrepintieron de sus obras.
>
> *Apocalipsis 16:10-11*

> Y los hombres blasfemaron contra Dios por la plaga del granizo; porque su plaga fue sobremanera grande.
>
> *Apocalipsis 16:21*

El mundo reacciona como el Faraón de Egipto lo hizo ante las plagas: la gente endurece sus corazones y siguen resistiendo a Dios.

El surgimiento y la caída de Babilonia

> Y clamó con voz potente, diciendo:
> *Ha caído, ha caído la gran Babilonia,*
> *y se ha hecho habitación de demonios*
> *y guarida de todo espíritu inmundo,*
> *y albergue de toda ave inmunda y aborrecible.*
>
> *Apocalipsis 18:2*

Se dedican dos capítulos del libro de Apocalipsis (17—18) a la caída de Babilonia. La Biblia tiene mucho que decir acerca de Babilonia. Se menciona por primera vez en Génesis 10:10, y el nombre procede del término hebreo *babel,* que significa «la puerta de Dios». Es el lugar donde los hombres intentaron edificar una torre al cielo, y como resultado Dios «confundió» sus lenguas (Génesis 11). Babilonia es mencionada en cada uno de los libros de los profetas mayores, esto es, los libros de Isaías, Jeremías, Ezequiel y Daniel.

Hay una diversidad de interpretaciones en cuanto al significado del nombre de Babilonia en el libro de Apocalipsis. Algunos creen que se refiere a la antigua ciudad que estaba situada en una región que ahora forma parte de Irak, y que por ello en los últimos días esta ciudad será reconstruida y vendrá a ser un centro mundial comercial y religioso. Las especulaciones en este sentido fueron alimentadas por los intentos del presidente iraquí Saddam Hussein de reconstruir Babilonia. Otros dan a Babilonia una interpretación simbólica. Podría representar el sistema mundial que se ha coligado en una asociación económica, política y religiosa. Podría representar la aldea global sin Dios —de modo muy parecido a la torre original de Babel (Génesis 11:1-9). Por mi parte, yo pienso que la Babilonia a la que se hace referencia en Apocalipsis es una referencia al sistema político y religioso unificado mundial establecido por el anticristo y el falso profeta. Durante los últimos días de la tribulación, este sistema mundial será destruido.

> *¡Ay, ay, de la gran ciudad de Babilonia,*
> *la ciudad fuerte;*
> *porque en una hora vino tu juicio.*
> *Apocalipsis 18:10*

La tribulación terminará con la mayor batalla que la tierra haya jamás visto. Habrá quedado establecido el escenario para la batalla de Armagedón.

Capítulo 8

Armagedón: La madre de todas las batallas

Armagedón. La palabra misma suena de manera ominosa. Webster define esta palabra como «el lugar o el tiempo de una batalla final y definitiva entre las fuerzas del bien y del mal.»[1] *Armagedón* es una palabra hebrea, la primera parte de la cual (*ar*) significa «monte», mientras que la segunda parte (*Meguido*) se refiere a un lugar determinado de la Palestina septentrional. La traducción literal del término es «monte Meguido». Este monte está cerca del Mar Mediterráneo y domina un valle de algo más de veintidós kilómetros (14 millas) de anchura y treinta y dos kilómetros (20 millas) de longitud. Éste será el lugar del conflicto final.

> Y los reunió en el lugar que en hebreo se llama Armagedón.
>
> *Apocalipsis 16:16*

ARMAGEDÓN Y ANTISEMITISMO

La batalla de Armagedón será el último y desesperado intento de Satanás de exterminar al pueblo judío y de frustrar el plan y los propósitos de Dios. Ha habido numerosos intentos a lo largo de la historia para exterminar al pueblo judío de la faz de la tierra. El más reciente ejemplo es el exterminio (holocausto) que se sufrió en manos de la Alemania nazi, y que hemos descrito en el capítulo 3.

En los tiempos del fin, este mismo tipo de odio contra los judíos llevará a las naciones del mundo a volverse contra Israel y a emprender un último y definitivo intento para exterminarlos y echarlos de la tierra de Palestina. Este odio está ya enconado en la actualidad y se ha expresado de dos maneras dominantes en las últimas décadas.

1. *El conflicto árabe-israelí*

Para los que habían estado observando la relación árabe-israelí a lo largo de los últimos treinta o más años, este era un momento increíble: Yaser Arafat, el presidente de la Organización para la Liberación de Palestina (OLP) e Yitzhak Rabín, dándose la mano en el jardín de la Casa Blanca el 13 de septiembre de 1993. Estos dirigentes habían sido enemigos declarados dedicados a la mutua destrucción. Ahora estaban de acuerdo en reconocer el derecho del otro a existir en paz. Parecían nerviosos e intranquilos en la ceremonia, pero su valerosa acción introdujo una nueva fase de esperanza en el problema árabe-israelí.

No era la primera vez que dirigentes árabes y judíos habían accedido a hacer la paz en lugar de la guerra. En 1978, Anwar Sadat, presidente de Egipto, y Menahem Begin, el primer ministro de Israel, se reunieron con el presidente Jimmy Carter en Camp David, Maryland. Este encuentro llevó a Sadat y a Begin a firmar un tratado de paz más tarde aquel año.

Los esfuerzos por la paz en el Oriente Medio continúan. ¿Y qué de Jordania? ¿Y qué de Siria? ¿Y qué del resto de las naciones árabes? En tanto que los tratados de paz ya firmados son un aliento, no han alterado de manera sustancial el odio contra Israel que existe en el Oriente Medio: un odio que ha persistido durante más de cuatro mil años. Podemos remontarlo a lo largo de toda la historia hasta los tiempos del patriarca del Antiguo Testamento Abraham, que es el padre de árabes y judíos. Dios prometió hacer una gran nación de Abraham y dar a su familia la tierra de Palestina (Génesis 12:1-3). Pero Abraham no tenía hijo alguno. Así que, en lugar de esperar a ver cómo Dios cumpliría estas cosas, Abraham decidió conseguirse un heredero por medio de una de sus esclavas llamada Agar. Ella dio a luz a un hijo llamado Ismael. Pero éste no era el hijo prometido.

Más adelante, Dios dio un hijo a Sara, esposa de Abraham, y este hijo fue llamado Isaac. Abraham e Isaac son los antepasados de los judíos. Abraham e Ismael son los antepasados de los árabes. Dios predijo que los descendientes árabes de Ismael estarían en constante estado de hostilidad contra sus hermanos los judíos.

Además le dijo [a Agar] el ángel de Jehová:

> *He aquí que has concebido,*
> *y darás a luz un hijo,*
> *y llamarás su nombre Ismael,*
> *porque Jehová ha oído tu aflicción.*
> *Y él será hombre fiero;*
> *su mano será contra todos,*
> *y la mano de todos contra él,*
> *y él delante de todos sus hermanos habitará.*
> *Génesis 16:11-12*

En tanto que ha habido pequeños pasos hacia la reconciliación, el problema que comenzó con Abraham y sus dos hijos persiste en la actualidad, y persistirá hasta que Jesús regrese para establecer su reino. Este odio se intensificará y llegará a ser un factor principal que llevará a la batalla de Armagedón.

2. *La jihad islámica*

Aunque las naciones del mundo árabe siguen teniendo sus discordias, hay tres factores que los unen. El primero es su odio contra Israel y los judíos. Otro factor es su lengua, el árabe. El tercero es su religión, el islam. El actual crecimiento del islam contribuye a la creciente inestabilidad en el Oriente Medio y al objetivo de echar a Israel de la tierra. El elemento más peligroso del islam son los grupos militantes e integristas como Hamas y la jihad islámica. Los sentimientos de los musulmanes militantes hacia los judíos no constituyen ningún secreto. Pueden sumarizarse con las palabras de un sermón del dirigente del Hamas, el imán jeque Ahmad Ibrahim en una mezquita palestina en Gaza: «Seis millones de descendientes de monos [refiriéndose a judíos] gobiernan ahora a todas las naciones del mundo, pero su día también les llegará. Alá, mátalos a todos, no dejes ni tan siquiera uno.»[2]

Al irse acercando el día de la batalla de Armagedón, es muy probable que veamos desarrollarse una coalición unida de estados árabes contra Israel. Esta coalición bien podría ir impulsada por las pasiones del celo religioso predicado y practicado en la fe musulmana. El odio azotado por la pasión religiosa es el más peligroso de todos los odios.

EL CLIMA GEOPOLÍTICO QUE CONDUCE HACIA ARMAGEDÓN

La batalla de Armagedón es el fin lógico de una serie de acontecimientos predichos en la Biblia. Estos acontecimientos dan forma a la escena geográfica y política que existirá antes de esta batalla final. Dos de estos que ya hemos examinado son los siguientes:

1. *Israel existe en la tierra*

Por cuanto la batalla de Armagedón es un intento de eliminación de los judíos y de liberar Palestina del control judío, es necesario que la tierra esté antes bajo control judío. Los judíos, que habían perdido el control de su tierra en favor de los romanos en el 70 d.C., recuperaron este control en 1949, cuando quedó establecido el Estado de Israel.

2. *Un tratado de paz garantizado con el anticristo*

Después del arrebatamiento de la iglesia, el mundo entrará en el período de siete años de la tribulación, durante el que el anticristo surgirá como dirigente a nivel mundial. Él traerá una paz temporal al Oriente Medio, pero luego violará el tratado de paz y finalmente se unirá a las fuerzas de Satanás que se reúnen para Armagedón.

Ed Hindson amplía estos puntos y da una lista de diez acontecímientos principales que parecen ser la preparación para la batalla final.[3]

- Israel está de vuelta en la Tierra Prometida por primera vez en casi dos mil años.
- Las naciones árabes parecen obsesionadas por echar a Israel al Mar Mediterráneo.
- La intervención de las principales potencias occidentales en el Oriente Medio indica que «los tiempos de los gentiles» (Lucas 21:24) no han llegado todavía a su fin.
- Los intentos de acuerdos de paz, aunque deseables, parecen destinados al fracaso respecto a la resolución del conflicto árabe-israelí.
- El resentimiento popular contra Israel entre los pueblos árabes es más profundo que nunca desde la Guerra del Golfo en 1991.
- El intento de Irak de unir a los árabes en una *jihad* («guerra santa») contra Israel muestra con cuanta celeridad se podría formar una coalición árabe e invadir Israel en los tiempos del fin.
- La unificación económica y política de Europa parece más pro-

bable que en cualquier otro tiempo en la historia reciente, quizá cumpliendo las profecías de Daniel de un gran Imperio Romano «avivado» de los últimos tiempos.

- Está establecido el escenario para que surja en Occidente un destacado dirigente mundial, prometiendo traer la paz al mundo.

- Tenemos encima una economía global. Es sólo cuestión de tiempo hasta que todo el mundo constituya una sola unidad económica a la espera de caer bajo el control de un poder siniestro.

- El potencial de guerra nuclear permanece como una realidad constantemente presente en la marcha del mundo hacia Armagedón.

UN PRELUDIO DE LA BATALLA

Por tanto, profetiza, hijo de hombre, y di a Gog: Así ha dicho Jehová el Señor: En aquel tiempo, cuando mi pueblo Israel habite con seguridad, ¿no lo sabrás tú? Vendrás de tu lugar, de las regiones del norte, tú y muchos pueblos contigo, todos ellos a caballo, gran multitud y poderoso ejército, y subirás contra mi pueblo Israel como nublado para cubrir la tierra; será al cabo de los días; y te traeré sobre mi tierra, para que las naciones me conozcan, cuando sea santificado en ti, oh Gog, delante de sus ojos.

Ezequiel 38:14-16

El profeta Ezequiel predijo una invasión de Israel por una coalición de naciones árabes (Ezequiel 38—39). Los eruditos no están de acuerdo acerca de cuándo tendrá lugar esta invasión y sucesiva derrota. Algunos dicen que estos acontecimientos tendrán lugar por separado de y antes de la batalla de Armagedón; otros lo consideran como una referencia a Armagedón; y otros, por su parte, interpretan esto como la batalla que se luchará al final del milenio, cuando Satanás sea liberado para una última batalla contra Dios. Por mi parte, pienso que se trata de una batalla separada anterior y que lleva hacia Armagedón. Se predicen varios hechos respecto a esta invasión.

1. *Las fuerzas de la coalición*

Esta coalición irá dirigida por «Gog en tierra de Magog, príncipe soberano de Mesec y Tubal» (Ezequiel 38:2). Durante años los estudiosos de estas Escrituras han identificado a este socio principal de la coalición como Rusia. Las palabras «príncipe soberano» proceden del término hebreo *rosh*, que es la palabra raíz de «Rusia». La palabra «Mesec» es similar a Moscú, y «Tubal» es similar a Tobolsk, una gran ciudad de Rusia. Aunque esos datos son desde luego interesantes, se basan en una interpretación lingüística dudosa. Pero sí sabemos que la tierra de Magog está al norte de Israel (v. 15). Si viajamos lo suficiente lejos al norte desde Palestina, se llega finalmente a Rusia.

A la luz de la disgregación de la Unión Soviética en 1991, quisiera ofrecer una perspectiva alternativa acerca de quién pudiera ser este socio principal. La vieja Unión Soviética estaba constituida por quince repúblicas que ahora son independientes. Las repúblicas meridionales son predominantemente musulmanas: Kazakstán, Uzbekistán, Turkmenistán, Tadzikistán, Kirgizia y Azerbaiján. Es posible que una coalición de esos países musulmanes constituya la principal fuerza impulsora de una invasión de Israel.[4]

He viajado tanto por Kazakstán como por Uzbekistán. En este último país pasé una tarde en una mezquita local hablando con el *mullah* a través de un intérprete. El *mullah* era de Irán, un país que está exportando clero para intensificar la influencia del islam en Uzbekistán y en las otras nuevas repúblicas musulmanas. Con la influencia de Irán viene la influencia del integrismo islámico, que es el más celoso en su odio y oposición a los judíos. En Uzbekistán es ilegal convertir a un musulmán a otra fe.

Los otros socios en las predicciones de Ezequiel (vv. 5-6) son estados que actualmente son musulmanes:

- Persia: el actual Irán
- Cus: Sudán/Etiopía
- Fut: Libia
- Gomer: Cimerios (el sur de Rusia)
- La casa de Togarma: Posiblemente Turquía

Esta coalición parece ser una *jihad* de países musulmanes lanzados a la destrucción de Israel. Una coalición así es muy posible en la actual situación geoestratégica.

2. *La cronología de la invasión*

Se mencionan diversos factores con respecto a la cronología de esta invasión. Primero, tendrá lugar después que Israel haya sido recogida en la tierra.

De aquí a muchos días serás visitado; al cabo de años vendrás a la tierra salvada de la espada, recogida de muchos pueblos, a los montes de Israel, que siempre fueron una desolación; mas fue sacada de las naciones, y todos ellos morarán confiadamente.

Ezequiel 38:8

Segundo, tendrá lugar cuando Israel esté establecida en la tierra en paz y seguridad.

Y dirás: Subiré contra una tierra indefensa, iré contra gentes tranquilas que habitan confiadamente; todas ellas habitan sin muros, y no tienen cerrojos ni puertas.

Ezequiel 38:11

Sabemos por otras Escrituras proféticas que el anticristo establecerá un tratado de paz con Israel y que garantizará su seguridad y tranquilidad. Esto tendrá lugar durante los tres años y medio primeros de la tribulación. Aparte de este tratado de paz, no hay ningún otro tiempo antes de la venida de Jesús cuando Israel existirá en la tierra en paz y seguridad. Por tanto, es razonable concluir que esta invasión tendrá lugar durante la primera mitad de la tribulación.

3. *Los resultados de la invasión*

Ezequiel predice un doble resultado de la invasión por los ejércitos de la coalición. Primero, la fuerza invasora será derrotada. Dios intervendrá para que esto suceda así, y se precisará de siete meses para sepultar a los muertos, es de suponer que debido al gran número de muertos causados por la lucha.

En aquel tiempo, cuando venga Gog contra la tierra de Israel, dijo Jehová el Señor, subirá mi ira y mi enojo. Porque he hablado en mi celo, y en el fuego de mi ira: Que en aquel tiempo habrá gran temblor sobre la tierra de Israel; que los peces del mar, las aves del cielo, las bestias del campo y toda serpiente que se arrastra sobre la tierra, y todos los hombres que están sobre la faz de la tierra, temblarán ante mi presencia; y se desmoronarán los montes, y los vallados caerán, y todo muro caerá a tierra. Y en todos mis montes llamaré contra él la espada, dice Jehová el Señor; la espada de cada cual será contra su hermano. Y yo litigaré contra él con pestilencia y con sangre; y haré llover sobre él, sobre sus tropas y sobre los muchos pueblos que están con él, impetuosa lluvia, y piedras de granizo, fuego y azufre.

Ezequiel 38:18-22

Y la casa de Israel los estará enterrando por siete meses, para limpiar la tierra. Los enterrará todo el pueblo de la tierra; y será para ellos célebre el día en que yo sea glorificado, dice Jehová el Señor.

Ezequiel 39:12-13

Segundo, los hijos de Israel comenzarán a volverse al Señor.

Y pondré mi gloria entre las naciones, y todas las naciones verán mi juicio que habré hecho, y mi mano que sobre ellos puse. Y de aquel día en adelante sabrá la casa de Israel que yo soy Jehová su Dios.

Ezequiel 39:21-22

Ni esconderé más de ellos mi rostro; porque habré derramado de mi Espíritu sobre la casa de Israel, dice Jehová el Señor.

Ezequiel 39:29

4. *Las preguntas sin respuesta acerca de esta invasión*

Hay varias preguntas sin respuesta acerca de esta invasión. Primero, ¿quién defenderá a Israel? Algunos especulan que el anticristo y sus fuerzas europeas defenderán a Israel contra este ataque. Algunos incluso especulan que los Estados Unidos pudieran acudir en socorro de Israel debido a su compromiso a largo plazo con la seguridad de Israel. Pero las Escrituras no tocan esta cuestión. Una segunda pregunta es: ¿Por qué va el ejército invasor equipado con caballos, esto es, un ejército de caballería? La probabilidad de una invasión con caballería parece muy improbable debido a las armas disponibles para la guerra moderna. Algunos sugieren que el anticristo conseguirá un desarme a nivel mundial, y que como resultado las naciones tendrán que recurrir a antiguas formas de guerra. Otros sugieren que por cuanto los caballos y la caballería formaban parte de las tácticas bélicas en la antigüedad, que la guerra se describe en estos términos porque eran las tácticas que el profeta conocía.

LA MADRE DE TODAS LAS BATALLAS

Y los reunió en el lugar que en hebreo se llama Armagedón.

Apocalipsis 16:16

Sobre la mesa de mi oficina en la iglesia hay varias piedras lisas. Proceden de la playa de Normandía y me las dio un miembro de la iglesia que asaltó aquella playa durante la Segunda Guerra Mundial. A diferencia de muchos de sus compañeros de armas, él sobrevivió. Guardo esas piedras como recuerdo de los horrores de la guerra y del gran precio que se pagó para liberar a Europa de la agresión nazi y para proteger la libertad. La Segunda Guerra Mundial fue devastadora en términos de costo humano. Pero lo peor está todavía por venir. Armagedón será peor que todas las guerras juntas de todos los tiempos. Se hacen varias predicciones acerca de esta batalla.

1. *Los ejércitos enfrentados*

El sexto ángel derramó su copa sobre el gran río Eufrates; y el agua de éste se secó, para que estuviese preparado el camino a los reyes del oriente. Y vi salir de la boca del dragón, y de la boca de la bestia, y de la boca del falso profeta, tres espíritus inmundos a manera de ranas; pues son espíritus de demonios, que hacen señales, y van a los reyes de la tierra en todo el mundo, para reunirlos a la batalla de aquel gran día del Dios Todopoderoso.

Apocalipsis 16:12-14

Este pasaje identifica a los dos principales ejércitos que se harán frente unos a otros en esta gran batalla. El primer ejército está compuesto por «los reyes de oriente», y es una enorme fuerza de 200 millones (Apocalipsis 9:16). La mayoría de los estudiosos cree que China encabezará esta coalición oriental. China ha mantenido de manera persistente un gran ejército convencional, y en la actualidad posee también capacidades nucleares. Es posible que varios países musulmanes de oriente se unan a China —por ejemplo, Afganistán y Pakistán—, así como otros países con una numerosa población musulmana, como Malasia, India e Indonesia. ¿Por qué habrían de lanzarse sobre el Oriente Medio? Hay dos posibles respuestas. Primero, podría tratarse de otra *jihad* islámica para exterminar a los judíos. Segundo, los chinos y otros podrían querer controlar el petróleo del Oriente Medio, de modo que es posible que esta invasión esté motivada sólo por factores económicos.

El ejército que se opone a esta fuerza oriental será una alianza reunida por el anticristo. Él reunirá a «los reyes de todo el mundo» para defender a Israel y rechazar el ataque. Bien pudiera ser que esta coalición incluyera todos los países del mundo occidental: Europa, Canadá, los Estados Unidos, las naciones de la América latina, y más. Los ejércitos que se reunirán prepararán el conflicto definitivo entre Oriente y Occidente.

2. *Un conflicto global*

Geográficamente, un centro principal de la batalla de Armagedón será la tierra de Palestina. Todos los ejércitos del mundo concentrarán su poderío militar hacia el Oriente Medio. Pero todo el mundo quedará afectado. Ciudades de todo el mundo quedarán destruidas (Apocalipsis 16:19). Islas y montes desaparecerán (v. 20). Varios terremotos sacudirán el planeta (v. 18). El ejército oriental en movimiento destruirá una tercera parte de la población del mundo (Apocalipsis 9:15-16). Ésta será de verdad una guerra mundial.

3. *El giro definitivo*

La batalla de Armagedón comenzará con un conflicto entre Oriente y Occidente, pero terminará con el Oriente y Occidente uniéndose contra los ejércitos del cielo que acompañarán a Jesús en su segunda venida.

> Y vi a la bestia, a los reyes de la tierra y a sus ejércitos, reunidos para guerrear contra el que montaba el caballo, y contra su ejército.
>
> *Apocalipsis 19:19*

La Biblia no indica cómo los ejércitos enfrentados se unen para luchar contra Jesús. Sencillamente declara que lo hacen, y que es la influencia de Satanás la que los une (Apocalipsis 16:14).

¡SALVE, REY JESÚS!

La batalla concluye con la venida de Jesús y de los ejércitos del cielo para derrotar al anticristo y sus ejércitos (Apocalipsis 19:11-21). La entrada de Jesús en esta escena es uno de los momentos culminantes de la profecía bíblica y se describe con un hermoso lenguaje en el libro de Apocalipsis.

> Entonces vi el cielo abierto; y he aquí un caballo blanco, y el que lo montaba se llamaba Fiel y Verdadero, y con justicia juzga y pelea. Sus ojos eran como llama de fuego, y había en su cabeza muchas diademas; y tenía un nombre escrito que ninguno conocía sino él mismo. Estaba vestido de una ropa teñida en sangre; y su nombre es: EL VERBO DE DIOS. Y los ejércitos celestiales, vestidos de lino finísimo, blanco y limpio, le seguían en caballos blancos. De su boca sale una espada aguda, para herir con ella a las naciones, y él las regirá con vara de hierro; y él pisa el lagar del vino del furor y de la ira del Dios Todopoderoso. Y en su vestidura y en su muslo tiene escrito este nombre: REY DE REYES Y SEÑOR DE SEÑORES.

Apocalipsis 19:11-16

NOTAS

1. *Merriam Webster's Collegiate Dictionary, Tenth Edition* (Springfield, Mass.: Merriam-Webster, 1993), 63.
2. Cita suministrada por la Liga Antidifamación de B'nai B'rith y citada por John Hagee, *Beginning of the End* (Nashville: Thomas Nelson, 1996), 144. [Hay edición en español: *Principio del fin* (Miami: Editorial Betania).]
3. Ed Hindson, *The New World Order* (Wheaton, Ill.: Victor Books, 1991), 138.
4. Esta perspectiva también la sugiere Hindson en su obra *Final Signs* (Eugene, Ore.: Harvest House, 1996), 134-35.

Capítulo 9

EL MILENIO

¡Alégrese el mundo! ¡Ha venido el Señor!
Que la tierra reciba a su Rey;
Que cada corazón lugar le prepare,
Y el cielo y la naturaleza prorrumpan en canción.

Ya antes en este libro hemos recitado el himno «¡Alégrese el mundo!», un himno que no trata de la Navidad, sino de la Segunda Venida de Cristo. Estas palabras se basan en el Salmo 98 y se refieren a la venida de Jesús a la tierra como Rey, a su gobierno universal, y al dominio sobre la naturaleza y a la eliminación de la maldición. Todo eso es descriptivo de la Segunda Venida, cuando Jesús establecerá el reino milenario: un reino de mil años.

LA SEGUNDA VENIDA DE JESÚS

Cuando Jesús entró en el mundo por primera vez, lo hizo con discreción y en relativo incógnito. Como Dios que asumía forma humana, nació en Belén, y su madre le envolvió en pañales y lo acostó en un pesebre (Lucas 2:7). Durante treinta años vivió en Nazaret en el hogar de un carpintero. Después de tres años de ministerio público fue crucificado, fue sepultado en un sepulcro, y resucitó tres días después. Cuarenta días después de esto, volvió al cielo. Aparte de los que lo conocían en la tierra de Palestina, todo esto sucedió sin el conocimiento de la mayor parte del mundo. Pero la segunda venida de Jesús será muy diferente de la primera. No entrará de puntillas en el mundo, no, sino que vendrá con poder, gloria y los ejércitos del cielo

> *He aquí que viene con las nubes,*
> *y todo ojo le verá,*
> *y los que le traspasaron;*
> *y todos los linajes de la tierra harán lamentación por él.*
> *Sí, amén.*

Apocalipsis 1:7

La atención del mundo entero se centrará en este dramático acontecimiento. En su libro *The King Is Coming* [El Rey va a volver], Harold Willmington contrasta la primera venida de Jesús —sus padecimientos— con la segunda venida: su gloria.[1]

- Los padecimientos: un Bebé, envuelto en pañales (Lucas 2:12).
La gloria: un Rey, revestido de vestiduras de gloria (Salmo 93:1).
- *Los padecimientos*: fue el viajero fatigado (Juan 4:6).
La gloria: Será el Dios que no se fatiga (Isaías 40:28, 29).
- *Los padecimientos*: no tenía donde descansar su cabeza (Lucas 9:58).
La gloria: será el heredero de todas las cosas (Hebreos 1:2).
- *Los padecimientos*: fue rechazado por el diminuto Israel (Juan 1:11).
La gloria: será recibido por todas las naciones (Isaías 1:11).
- *Los padecimientos*: hombres malvados tomaron piedras para arrojárselas (Juan 8:59).
La gloria: hombres malvados clamarán que las peñas caigan sobre ellos para esconderlos de él (Apocalipsis 6:16).
- *Los padecimientos*: un Salvador humilde, familiarizado con el dolor (Isaías 53:3).
La gloria: el Dios fuerte, ungido con el aceite de alegría (Hebreos 1:9).
- *Los padecimientos*: fue revestido de un manto de escarlata en son de burla (Lucas 23:11).
La gloria: será revestido de una vestidura teñida de la sangre de sus enemigos (Apocalipsis 19:13).
- *Los padecimientos*: fue golpeado con una caña (Mateo 27:30).

La gloria: gobernará las naciones con cetro de hierro (Apocalipsis 19:15).

• *Los padecimientos*: unos malvados soldados doblaron la rodilla ante él burlándose (Marcos 15:19).

La gloria: toda rodilla se doblará ante Él y le reconocerá (Filipenses 2:10).

• *Los padecimientos*: llevó una corona de espinas (Juan 19:5).

La gloria: llevará la corona de oro (Apocalipsis 14:14).

• *Los padecimientos*: sus manos fueron traspasadas por clavos (Juan 20:25).

La gloria: sus manos sostendrán una aguzada hoz (Apocalipsis 14:14).

• *Los padecimientos*: sus pies fueron traspasados con clavos (Salmo 22:16).

La gloria: sus pies se plantarán sobre el Monte de los Olivos (Zacarías 14:4).

• *Los padecimientos*: no tenía parecer ni hermosura (Isaías 53:2).

La gloria: será el señalado entre diez mil (Salmo 27:4).

• *Los padecimientos*: entregó su espíritu (Juan 19:30).

La gloria: Vive para siempre jamás (Apocalipsis 1:18).

• *Los padecimientos*: fue puesto en un sepulcro (Mateo 27:59, 60).

La gloria: se sentará en su trono (Hebreos 8:1).

El siguiente acontecimiento principal en el calendario de Dios es el arrebatamiento de la iglesia. En aquel tiempo, Dios tomará a todos los creyentes al cielo. Después de esto comenzará la tribulación de siete años, que verá el surgimiento del anticristo y concluirá con la batalla de Armagedón.

En aquella batalla, como ya hemos visto, Jesús volverá de nuevo a la tierra encabezando los ejércitos que lucharán contra las fuerzas de Satanás.

> He aquí, el día de Jehová viene, y en medio de ti serán repartidos tus despojos. Porque yo reuniré a todas las naciones para combatir contra Jerusalén; y la ciudad será tomada, y serán saqueadas las casas, y violadas las mujeres; y la mitad de la ciudad irá en cautiverio, mas el resto del pueblo no será

cortado de la ciudad. Después saldrá Jehová y peleará con aquellas naciones, como peleó el día de la batalla.

Zacarías 14:1-3

La Biblia describe lo que Jesús hará cuando regrese.

1. *Los ejércitos del mundo se reunirán para luchar contra Israel y contra Jerusalén*

La reunión de los ejércitos del mundo para la batalla de Armagedón es el acontecimiento que desencadenará la segunda venida de Jesucristo. Durante esta batalla, Jerusalén será tomada y saqueada (Zacarías 14:1-2).

2. *Jesús descenderá y se pondrá en pie en el monte de los Olivos* (vv. 3-5)

Cuando Jesús volvió al cielo (Hechos 2), lo hizo desde el Monte de los Olivos. Cuando vuelva a la tierra, llegará al mismo sitio desde el que se fue. El monte se partirá en dos mitades por un gran terremoto; la partición irá hacia el este al Mar Muerto y hacia el Oeste, al Mediterráneo. En su célebre libro *La Agonía del Gran Planeta Tierra,* Hal Lindsey dice que «una compañía petrolífera que estaba haciendo estudios sísmicos de esta zona en busca de petróleo descubrió una gigantesca falla extendiéndose de este a oeste justo por el centro del monte de los Olivos».[2]

3. *Jesús volverá con los santos y con los ejércitos del cielo* (v. 5)

Jesús no volverá solo al monte de los Olivos. Volverá con «todos los santos», muy posiblemente una referencia a los ejércitos angélicos del cielo y a los creyentes que están ya en presencia de Dios (Apocalipsis 19:14).

4. *Jesús establecerá su reino sobre todo el mundo* (v. 9)

Esto marcará el comienzo del reino milenario, el reino de mil años de Jesús sobre la tierra (Apocalipsis 20:4-6). El reino tendrá su capital en Jerusalén, y esta ciudad pasará a ser el centro de culto de Jesucristo (Zacarías 14:16-19).

Así ha dicho Jehová de los ejércitos: Aún vendrán pueblos, y habitantes de muchas ciudades; y vendrán los habitantes de una ciudad a otra, y dirán: Vamos a implorar el favor de

Jehová, y a buscar a Jehová de los ejércitos. Yo también iré. Y vendrán muchos pueblos y fuertes naciones a buscar a Jehová de los ejércitos en Jerusalén, y a implorar el favor de Jehová.

Así ha dicho Jehová de los ejércitos: En aquellos días acontecerá que diez hombres de las naciones de toda lengua tomarán del manto a un judío, diciendo: Iremos con vosotros, porque hemos oído que Dios está con vosotros.

Zacarías 8:20-23

EL REINO MILENARIO

Es mucho lo que la Biblia tiene que decir acerca del reino milenario de Cristo.

1. *Satanás será quitado de la tierra*

Vi a un ángel que descendía del cielo, con la llave del abismo, y una gran cadena en la mano. Y prendió al dragón, la serpiente antigua, que es el diablo y Satanás, y lo ató por mil años; y lo arrojó al abismo, y lo encerró, y puso su sello sobre él, para que no engañase más a las naciones, hasta que fuesen cumplidos mil años; y después de esto debe ser desatado por un poco de tiempo.

Apocalipsis 20:1-3

El reino de mil años estará exento de la influencia y obra de Satanás. La historia de la raza humana es de un conflicto continuo entre el bien y el mal, Dios y Satanás. Durante el milenio, este archienemigo de Dios será quitado de la tierra. Esto no significa que todos en la tierra aceptarán entonces a Jesús. De hecho, después del milenio Satanás ha de ser soltado por un breve período de tiempo, y reúne un ejército mundial para una última batalla contra Dios (vv. 7-10).

2. *Todo Israel será salvo*

La Biblia describe nuestra era histórica como «los tiempos de los gentiles». Durante este tiempo Israel ha endurecido su corazón contra Dios. Pero cuando Jesús regrese para establecer su reino, todo Israel será salvo (Romanos 11:25-27). Israel tendrá un puesto eminente entre las naciones del mundo (Isaías 14:1-2). Todas las naciones se inclinarán en sumisión a Israel (Isaías 49:22-23).

3. *Será un tiempo de paz*

> *Porque un niño nos es nacido,*
> *hijo nos es dado,*
> *y el principado sobre su hombro;*
> *y se llamará su nombre*
> *Admirable, consejero, Dios fuerte,*
> *Padre eterno, Príncipe de paz.*
> *Lo dilatado de su imperio y la paz*
> *no tendrán límite,*
> *sobre el trono de David*
> *y sobre su reino,*
> *disponiéndolo y confirmándolo*
> *en juicio y en justicia*
> *desde ahora y para siempre.*
> *El celo de Jehová de los ejércitos*
> *hará esto.*
>
> *Isaías 9:6-7*

Como el «Príncipe de paz», Jesús traerá una paz sin fin al mundo. Esta paz incluye el fin de la guerra y un tiempo de prosperidad económica global. Estas dos condiciones son temas principales de los profetas del Antiguo Testamento. Durante este tiempo, las naciones «volverán sus espadas en rejas de arado, y sus lanzas en hoces; no alzará espada nación contra nación, ni se adiestrarán más para la guerra» (Isaías 2:4). Cesarán incluso las relaciones de hostilidad en el orden natural: «Morará el lobo con el cordero, … La vaca y la osa pacerán, … el niño de pecho jugará sobre la cueva del áspid» (Isaías 11:6-8). La paz se extenderá a las comunidades individuales: «Y mi pueblo habitará en morada de paz, en habitaciones seguras, y en recreos de reposo» (Isaías 32:18). No habrá por qué temer más a la tiranía ni al terror (Isaías 54:14). La creación será renovada y restaurada, y «los montes y los collados levantarán canción» (Isaías 55:12).

El tiempo de paz milenario verá también una gran prosperidad económica (Ezequiel 28:25-26). El profeta Miqueas capta la esencia y el espíritu del reino milenario.

> *Vendrán muchas naciones, y dirán:*
> *Venid, y subamos al monte de Jehová,*
> *y a la casa del Dios de Jacob;*

> *y nos enseñará en sus caminos,*
> *   y andaremos por sus veredas;*
> *porque de Sión saldrá la ley,*
> *   y de Jerusalén la palabra de Jehová.*
> *Y él juzgará entre muchos pueblos,*
> *   y corregirá a naciones poderosas hasta muy lejos; ...*
> *Y se sentará cada uno debajo de su vid*
> *   y debajo de su higuera,*
> *y no habrá quien los amedrente;*
> *   porque la boca de Jehová de los ejércitos lo ha hablado.*
>
> *Miqueas 4:2-4*

4. *Jesús gobernará el mundo desde Jerusalén*

> Miraba yo en la visión de la noche, y he aquí con las nubes del cielo venía uno como un hijo de hombre, que vino hasta el Anciano de días, y le hicieron acercarse delante de él. Y le fue dado dominio, gloria y reino, para que todos los pueblos, naciones y lenguas le sirvieran; su dominio es dominio eterno, que nunca pasará, y su reino uno que no será destruido.
>
> *Daniel 7:13-14*

Una de las más detalladas descripciones del futuro reino se encuentra en Isaías 11. Isaías predice que el futuro rey será descendiente de Isaí, que fue el padre del Rey David (v. 1). El rey tendrá el espíritu de sabiduría, de inteligencia, de consejo, de poder, de conocimiento y de temor de Jehová (v. 2). Él juzgará a las naciones del mundo (v. 3). Él establecerá la justicia y la equidad y defenderá a los pobres y a los mansos (v. 4). Él quitará la hostilidad de la naturaleza que vino como resultado del pecado (vv. 6-9). Todas las naciones del mundo se le someterán (v. 10).

5. *Habrá prosperidad económica*

Durante la tribulación, la tierra será devastada por guerras —quizá por guerra nuclear— y por calamidades naturales, hambres y plagas. Durante el reino milenario, la tierra será restaurada, y la gente gozará de una prosperidad económica sin precedentes. La tierra que no tenía potencial para la agricultura quedará transformada: «El yermo se gozará y florecerá» (Isaías 35:1). Durante la tribulación, los ríos, los lagos y los mares quedarán contaminados y envenenados, pero durante el milenio «el lugar seco se convertirá en estanque, y el sequedal en manaderos de aguas» (v. 7). Serán restaurados los elementos necesarios para una rica cosecha (Isaías 30:23), y habrá una extensión de la calidez y de la luz para potenciar la calidad de vida sobre la tierra (v. 26).

El profeta Amós describe este nuevo orden mundial y su prosperidad económica de la siguiente manera:

He aquí vienen días, dice Jehová,
en que el que ara alcanzará al segador,
*   y el pisador de las uvas al que lleve la simiente;*
y los montes destilarán mosto,
*   y todos los collados se derretirán.*
Y traeré del cautiverio a mi pueblo Israel,
*   y edificarán ellos las ciudades asoladas, y las habitarán;*
plantarán viñas, y beberán el vino de ellas,
*   y harán huertos, y comerán el fruto de ellos.*
Pues los plantaré sobre su tierra,
*   y nunca más serán arrancados*
*   de su tierra que yo les di,*
*   ha dicho Jehová Dios tuyo.*

Amós 9:13-15

6. *Jerusalén será el centro del culto*

Jerusalén será la capital del reino milenario, y también su centro económico, judicial y religioso. El templo será el centro focal del culto. Los detalles de este templo y de su culto se delinean en la profecía de Ezequiel 40—48. Aunque este templo del reino será similar en algunos aspectos a los templos de Salomón y de Herodes, será también diferente. Por ejemplo, no habrá velo, o cortina, que separe el Lugar Santo del Lugar Santísimo (2 Crónicas 3:14). Tampoco habrá una mesa de oro para el pan de la proposición (2 Crónicas 4:19) ni candeleros de oro (v. 20) ni arca del pacto (2 Crónicas 5:7). La razón de ello es que Jesús rasgó el velo en dos (Mateo 27:51), y que Él es a la vez el pan de vida (Juan 6:35) y la luz del mundo (Juan 8:12).

Se ofrecerán sacrificios regulares en el altar de bronce en el templo.

Todo el ganado de Cedar será juntado para ti;
*   carneros de Nebaiot te serán servidos;*

> *serán ofrecidos con agrado sobre mi altar,*
> *y glorificaré la casa de mi gloria.*
> *Isaías 60:7 (véase también Isaías 56:4-8)*

La cuestión de los sacrificios de animales suscita una importante pregunta teológica. ¿Por qué se ofrecerán los sacrificios, siendo que no tienen valor redentor? Cuando Jesús murió, él se ofreció como sacrificio «una vez para siempre» (Hebreos 10:10). La Biblia deja claro que los sacrificios del Antiguo Testamento eran sólo una «sombra» y que no podían quitar el pecado. Señalaban al único sacrificio que puede quitar el pecado: el sacrificio de Jesucristo. Así, ¿para qué iban a ser restaurados estos sacrificios durante el reino milenario? Harold Willmington, autor del *Auxiliar bíblico Portavoz,* sugiere cuatro posibles razones.

- Un recordatorio a todos de la necesidad del nuevo nacimiento.
- Una lección objetiva de lo costoso de la salvación.
- Un ejemplo de lo terrible que es el pecado.
- Una ilustración de la santidad de Dios.[3]

En el Antiguo Testamento los sacrificios *anticipaban* la cruz. En el reino milenario, los sacrificios *son una mirada retrospectiva* a la cruz.

7. *El gobierno mundial de Jesús será administrado por sus seguidores*

Jesús prometió a sus doce discípulos que cuando él «se siente en el trono de su gloria», ellos también se sentarán «sobre doce tronos, para juzgar a las doce tribus de Israel» (Mateo 19:28). Asimismo, Él ha prometido recompensas y bendiciones para todo aquel que le haya seguido (v. 29). Sabemos que en el reino futuro, los creyentes juzgaremos el mundo (1 Corintios 6:2); los santos juzgarán y gobernarán en la tierra como delegación de la autoridad de Jesús. Los doce discípulos tendrán las posiciones más eminentes de poder e influencia en el gobierno de Jesús.

EL CONFLICTO ÚLTIMO Y EL ESTADO FINAL

Al final del reino milenario, Satanás será liberado del pozo del abismo y emprenderá una última revuelta contra Dios. Engañará a las naciones y las reunirá para la batalla contra Jesús y su reino. Los ejércitos de Satanás rodearán Jerusalén, pero serán destruidos por fuego del cielo. Satanás será entonces echado en el lago de fuego (Apocalipsis 20:11-15).

Entonces serán creados «nuevos cielos y nueva tierra» para sustituir a los viejos cielos y a la vieja tierra. El lenguaje que describe esta nueva creación es de lo más hermoso que hay en las Escrituras:

> Vi la santa ciudad, la nueva Jerusalén, descender del cielo, de Dios, dispuesta como una esposa ataviada para su marido. Y oí una gran voz del cielo que decía: He aquí el tabernáculo de Dios con los hombres, y él morará con ellos; y ellos serán su pueblo, y Dios mismo estará con ellos como su Dios. Enjugará Dios toda lágrima de los ojos de ellos; y ya no habrá muerte, ni habrá más llanto, ni clamor, ni dolor; porque las primeras cosas pasaron. Y el que estaba sentado en el trono dijo: He aquí, yo hago nuevas todas las cosas. Y me dijo: Escribe: porque estas palabras son fieles y verdaderas.
>
> *Apocalipsis 21:2-5*

NOTAS

1. Harold Willmington, *The King Is Coming* (Wheaton, Ill.: Tyndale House, 1973), 206-8.
2. Hal Lindsey, *The Late Great Planet Earth* (Grand Rapids: Zondervan, 1970), 174 [Hay traducción castellana: *La agonía del gran planeta Tierra* (Maracaibo: Ed. Libertador, 1971)].
3. Willmington, *The King Is Coming,* 225.

Capítulo 10

CINCUENTA EXTRAORDINARIOS ACONTECIMIENTOS QUE INDICAN EL FIN

Desde que Jesús volvió al cielo, casi cada generación de estudiosos y eruditos bíblicos ha interpretado la profecía bíblica a través del color de su propia experiencia histórica. Muchos han llegado a la conclusión de que estaban viviendo en los últimos tiempos y que los acontecimientos en los que estaban inmersos eran el cumplimiento directo de la profecía bíblica. Vimos en el capítulo 5 que Martín Lutero identificó al papa con el anticristo. Los puritanos vieron también al papa como el anticristo, y «las langostas del pozo del abismo como sus agentes: monjes, frailes, cardenales, patriarcas y obispos.»[1] En años más recientes varios personajes han sido identificados con el anticristo, incluyendo el Káiser Guillermo, Benito Mussolini, Adolf Hilter, José Stalin, Nikita Khrushev y Saddam Hussein.[2]

Recuerdo que en otoño de 1988 la comunidad cristiana evangélica quedó cautivada por un librito titulado *88 razones por las que el arrebatamiento será en 1988.*[3] Dicho libro contenía un complicado análisis de Rosh Hashanah (la fiesta judía de las Trompetas), que a menudo va asociada con el arrebatamiento de la iglesia debido a la presencia de trompetas en ambos acontecimientos. El escritor había calculado que la fecha exacta del arrebatamiento sería el 12 de septiembre de 1988. Al acercarse la fecha, era difícil encontrar ninguno de esos folletos en las librerías, por la gran demanda que tenían. Los medios religiosos y seculares difundieron la historia. ¡Pero el escritor se equivocó! Tengo una copia del folleto en mi oficina, y no vale la pena ni darlo ni tirarlo. ¡La ironía de esto es que cada persona que ha identificado acontecimientos bíblicos con los actuales acontecimientos para llegar a la conclusión de que estamos viviendo en los últimos días se ha equivocado! Entonces, ¿por qué tiene este libro un capítulo titulado «Cincuenta extraordinarios acontecimientos que indican el fin»?

Soy bien consciente de que pudiera estar cayendo en la misma trampa que generaciones de expositores bíblicos que me han precedido. Pero baso este capítulo sobre tres hechos. Primero, la Biblia hace detalladas predicciones acerca de la situación global según nos aproximamos al fin de la edad. Segundo, muchos acontecimientos actuales tienen una notable semejanza con esas detalladas predicciones de las Escrituras. Tercero, cada uno de nosotros tendrá que juzgar por sí mismo si es probable o no que estemos viviendo en los últimos días. Creo que no hay un solo acontecimiento que nos pueda llevar a la conclusión de que el fin está cercano, pero el impacto cumulativo de todas esas predicciones y acontecimientos nos hace pensar. Para mayor claridad, he dividido las predicciones y los acontecimientos en varias categorías principales y las he numerado. La mayoría de las predicciones y de los acontecimientos han sido tratados detalladamente en capítulos anteriores, de modo que en lo que sigue sólo hago una breve declaración acerca de los mismos.

PREDICCIONES Y ACONTECIMIENTOS: POLÍTICA

La Biblia describe la situación geopolítica dominante al acercarnos al fin del mundo.

1. *El regreso del pueblo judío a Israel*

El centro de la atención internacional en el tiempo del fin será la nación de Israel. La Biblia predice el recogimiento de los judíos de nuevo en la tierra (Ezequiel 37). Los acontecimientos predichos para la tribulación, la batalla de Armagedón y el reino milenario, demandan que Israel esté constituida como nación en la tierra de Palestina. En el siglo veinte, por primera vez desde que Jesús regresó al cielo, Israel existe como nación y los judíos están volviendo a la tierra.

2. *Jerusalén bajo control judío*

Aunque el estado de Israel fue establecido el 14 de mayo de 1948, la ciudad de Jerusalén no quedó en aquel entonces bajo control judío. Muchas profecías acerca de los tiempos del fin tienen que ver con Jerusalén, y todas ellas dan por supuesto que la ciudad está entonces bajo el control de los judíos. Jerusalén fue destruida por los romanos en el 70 d.C., y los judíos nunca recuperaron la posesión de la ciudad hasta la Guerra de los Seis Días en 1967.

3. *Los tiempos de los gentiles llegan a su fin*

La presente edad es conocida bíblicamente como «los tiempos de los gentiles». El interés primordial de Dios, aunque no exclusivo, se centra en los gentiles. Israel ha endurecido su corazón durante este período (Romanos 10:25), pero una vez haya terminado la edad gentil, Dios renovará su favor hacia Israel y el pueblo judío. Jesús predijo que «Jerusalén será hollada por los gentiles, hasta que los tiempos de los gentiles se cumplan» (Lucas 21:24). Hasta 1967, Jerusalén fue «hollada» por los gentiles. Pero ya no. Esto podría significar que estamos en los últimos de los últimos días de los gentiles.

4. *La nación de Israel, nacida en un día*

Con respecto al recogimiento de los judíos en Israel, la Biblia predice que la nación nacería en un día.

> *¿Quién oyó cosa semejante?*
> *¿quién vio tal cosa?*
> *¿Concebirá la tierra en un día?*
> *¿Nacerá una nación de una vez?*
> *Pues en cuanto Sion estuvo de parto,*
> *dio a luz a sus hijos.*
> *Isaías 66:8*

El 14 de mayo de 1948, David Ben-Gurión, que iba a ser el primer ministro, leyó el Rollo de Independencia en el Museo de Tel Aviv. «En virtud de nuestro derecho nacional e intrínseco y en base de la resolución de la Asamblea General de las Naciones Unidas, declaramos ahora el establecimiento de un Estado Judío en Palestina, que será conocido como el Estado de Israel.» Israel nació en un día.

5. *La formación del Estado de Israel como señal definitiva del fin del siglo*

Cuando Jesús trató acerca de las señales de su segunda venida y del fin del siglo, advirtió a sus discípulos con estas palabras: «De la higuera aprended la parábola: Cuando ya su rama está tierna, y brotan las hojas, sabéis que el verano está cerca» (Mateo 24:32). Muchos eruditos bíblicos creen que la higuera se refiere al Estado de Israel, una imagen que se repite en las Escrituras. Si es así, entonces el florecimiento de la higuera, es decir, el recogimiento de los judíos en Israel—será señal de que el fin está cercano.

6. *Una constante hostilidad entre Israel y sus vecinos*

Durante la tribulación habrá dos intentos principales de invadir Israel. El primero irá guiado por un poder septentrional, y el segundo por un poder oriental (véase nos. 8 y 9). Ambos ejércitos estarán formados por una coalición de naciones empeñadas en la destrucción de Israel. La actual situación geopolítica del Oriente Medio hace esto posible.

7. *Esfuerzos continuados por la paz en el Oriente Medio*

La Biblia predice que el anticristo establecerá un tratado de paz con Israel que garantizará su seguridad. Alcanzará un papel destacado a nivel mundial por su capacidad de llevar la paz al Oriente Medio donde tantos otros lo han intentado y han fracasado. La actual relación entre los judíos y los palestinos es en el mejor de los casos una frágil paz, como lo hace patente el asesinato del primer ministro Yitzhak Rabín.

8. *El desarrollo de un ejército de una coalición septentrional que invadirá Israel*

El profeta Ezequiel predijo la invasión de Israel por el ejército de una coalición dirigida por un poderoso país del norte llamado Gog. Ésta podría ser una coalición septentrional de países musulmanes como Kazakstán, Uzbekistán, Turkmenistán, Tadzikistán, Kirgizia y Azerbaiján, todos los cuales habían formado parte de la Unión Soviética. Países coligados con éstos podrían ser el Irán, Sudán, Etiopía y Libia, todos ellos bajo una poderosa influencia islámica. Parece que esta invasión estará impulsada por la pasión musulmana. La actual situación política hace posible esta coalición.

9. *La formación de un enorme ejército en oriente*

La mayor fuerza que invade Israel para la batalla de Armagedón es un enorme ejército procedente del oriente. La Biblia predice que será una fuerza de 200 millones: un número increíble de personas. China, una nación con más de mil millones de habitantes, mantiene el mayor ejército convencional del mundo y tiene capacidad nuclear.

10. *El avivamiento del antiguo Imperio Romano*

El profeta Daniel predijo que el Imperio Romano existiría en dos fases. La primera fase seguiría al Imperio Griego; la segunda surgiría antes de la venida de Jesús y del fin del mundo. La segunda fase adoptaría la forma de una coalición política de naciones separadas cubriendo básicamente la misma zona geográfica que el original Imperio Romano. El actual impulso hacia la unidad a través de la Comunidad Económica Europea ofrece un paralelo muy estrecho con la predicción bíblica.

11. *La caída del muro de Berlín como preludio al avivamiento del Imperio Romano avivado*

Desde la Segunda Guerra Mundial, Europa había estado dividida entre Oriente y Occidente. Dado el poder del comunismo y el control que ejercía sobre los países del bloque oriental, pocos esperaban la caída del muro y la unión de Oriente y Occidente. Pero para asombro del mundo, cayó el muro del comunismo, y ahora toda Europa está abierta a la posibilidad de la unión política y económica.

12. *Europa se está convirtiendo en la cabeza económica y militar del mundo*

La Biblia predice que el anticristo accederá al poder mundial mediante una coalición europea. Esta coalición y sus ejércitos serán quienes defenderán a Israel en las etapas iniciales de la batalla de Armagedón. Según el mundo se acoja más y más a la autoridad del anticristo, Europa irá adquiriendo el papel principal.

13. *Un giro dominante hacia el globalismo*

La Biblia predice que al fin del mundo habrá un gobierno mundial, una economía global y una iglesia universal. Hace cien años, hablar así habría sido motivo de burlas. La tecnología y las distancias eran un obstáculo capital para la cooperación mundial. Pero con faxes, ordenadores, teléfonos, correo electrónico y transporte aéreo, el mundo ha pasado a ser una aldea global.

14. *Las Naciones Unidas como modelo del futuro*

Al acercarnos al fin del mundo, los asuntos se irán orientando hacia la comunidad internacional y para beneficio de todo el globo, no meramente hacia los intereses de cada nación individual. Durante la tribulación, el anticristo será el principal poder que influenciará y gobernará el mundo entero. Las Naciones Unidas existen en la actualidad como modelo de lo que la Biblia predice que sucederá con respecto al gobierno mundial. Con mayor frecuencia las Naciones Unidas están imponiendo su voluntad sobre la comunidad internacional; incluso hay tropas americanas que sirven bajo la autoridad de las Naciones Unidas.

15. *Una creciente inestabilidad internacional*

Jesús predijo que al irnos aproximando al fin del siglo habrá «guerras y rumores de guerras» (Mateo 24:6). La creciente inestabilidad del mundo dará lugar a la necesidad de una cooperación internacional. También preparará el escenario para el surgimiento de un hábil negociador que pueda establecer la paz por todo el mundo, es decir, el anticristo.

16. *El surgimiento del anticristo*

La Biblia predice que el anticristo surgirá como el dirigente del mundo. Como hábil negociador que establecerá la paz internacional, dominará el mundo. Dados los muchos conflictos que existen en el mundo, podemos ver por qué mucha gente deseará un diplomático «sobrehumano» que pueda comenzar a restaurar el orden a gran escala.

17. *La introducción de nuevos paradigmas en el Nuevo Orden Mundial*

Cuando el anticristo acceda al poder, realineará los límites territoriales y redistribuirá los recursos materiales. También cambiará leyes nacionales y morales de larga tradición (Daniel 7:25). Introducirá nuevos paradigmas que ordenarán la vida bajo su régimen. Creo que, a la vista de la inestabilidad del mundo y de la complejidad de los problemas a los que hacemos frente, el mundo estará abierto a los nuevos paradigmas que el anticristo propondrá.

18. *Una economía a escala mundial*

Junto con la tendencia hacia un gobierno mundial vendrá una tendencia hacia una economía mundial. Esta economía estará totalmente controlada por el anticristo. El comercio quedará permitido sólo a los que tengan la marca de la bestia: 666. Ya estamos bien adelantados en el camino hacia una economía mundial.

19. *La amenaza de la extinción nuclear*

La amenaza de guerra nuclear es el dilema constante del mundo actual. Tenemos el potencial de destruir la mayor parte del mundo tal como lo conocemos con sólo pulsar un botón. Durante la tribulación habrá una gran destrucción de gente y del medio ambiente. Las descripciones de esos desastres (como en 2 Pedro 3:10) tienen notables semejanzas con las consecuencias de la guerra nuclear.

PREDICCIONES Y ACONTECIMIENTOS: LA TECNOLOGÍA

20. *El aumento del conocimiento*

Hace siglos, Dios dio al profeta Daniel unas instrucciones específicas: «Pero tú, Daniel, cierra las palabras y sella el libro hasta el tiempo del fin. Muchos correrán de aquí para allá, y la ciencia se aumentará» (Daniel 12:4). Esto parece indicar una expansión del conocimiento y de la investigación hacia el fin del mundo. Ahora vivimos la época de «la autopista de la información» y el conocimiento ha crecido exponencialmente en nuestra generación.

21. *Un giro hacia una sociedad sin dinero efectivo*

Durante la tribulación, cuando el anticristo esté en el poder, sólo aquellos que posean la marca de la bestia podrán hacer transacciones. Parece que las transacciones se llevarán a cabo sin dinero efectivo. Esta es ya la tendencia en muchas naciones de Occidente.

22. *La llegada de la televisión*

Durante la tribulación sucederán acontecimientos milagrosos que serán contemplados por todo el mundo al mismo tiempo (Apocalipsis 13:13). Antes de la llegada de la televisión, había expositores bíblicos que proponían que los acontecimientos serían proyectados sobrenaturalmente en el cielo para que todos pudieran verlos. Sin embargo, la televisión ha cambiado todo esto; la CNN ha cambiado la forma en que vemos las noticias. Ahora podemos ver acontecimientos en directo desde cualquier lugar del mundo.

23. *La llegada de los ordenadores*

Durante la tribulación será imprescindible tener la marca de la bestia (666) para poder comprar y vender. Esta marca estará en la mano derecha o en la frente. Ya existe la tecnología informática para ello.

PREDICCIONES Y ACONTECIMIENTOS—RELIGIÓN

24. *La reconstrucción del templo en Jerusalén*

El templo en Jerusalén será reconstruido en parte o en su totalidad para el período de la tribulación. Hay un apasionado interés entre muchos judíos para la reconstrucción del templo, aunque la Cúpula de la Roca, un lugar sagrado musulmán, se levanta en este emplazamiento. El Instituto del Templo, por ejemplo, ya ha hecho más de cien de los utensilios necesarios para el culto del templo; estos utensilios se exhiben en el Centro Turístico del Instituto del Templo.[4]

25. *El restablecimiento del sacerdocio*

La Biblia predice que los hijos de Sadoc cumplirán sus deberes religiosos como sacerdotes en el templo reconstruido (Ezequiel 40:46). Ateret Cohanim es una escuela religiosa en Israel que está dando enseñanza a sacerdotes del templo para el servicio futuro cuando se reconstruya el templo y se restaure el culto.[5]

26. *La restauración de los sacrificios de animales y de las festividades religiosas*

Durante la tribulación y el milenio tendrán lugar ofrendas y actividades religiosas en el templo reconstruido en Jerusalén. Ya se están efectuando preparativos para facilitar esas prácticas y el cumplimiento de los deberes religiosos. «Se están preparando vestiduras, construyendo arpas, elaborando planos arquitectónicos mediante ordenador, y algunos rabíes están decidiendo qué innovaciones modernas se pueden adoptar en un nuevo templo. Asimismo, está bien avanzada la tarea de conseguir animales *qosher* para los sacrificios, incluyendo vacas alazanas.»[6]

27. *Un giro hacia una religión mundial*

La Biblia predice que durante la tribulación surgirá una religión mundial junto al gobierno mundial y la economía mundial. De todas las predicciones del tiempo del fin, ésta es la más difícil de comprender, porque el mundo actual está dividido en lo que respecta a las creencias religiosas. Es difícil imaginar una religión mundial. Quizá no vaya a ser una sola religión, sino más bien un nivel de cooperación entre todas las principales religiones del mundo para fomentar el gobierno mundial y la economía global.

28. *El crecimiento del islam*

El crecimiento del islam no está predicho de manera específica en ningún pasaje profético de la Biblia. Sin embargo, muchas de las naciones que constituirán una coalición para invadir Israel son a la vez árabes y musulmanas. La creciente influencia del islam y su odio contra los judíos e Israel seguirán alimentando la hostilidad y es muy probable que abran la puerta a ataques en masa con el propósito de exterminar a los judíos y su nación.

29. *El evangelio predicado en todo el mundo*

Jesús predijo que «será predicado este evangelio del reino en todo el mundo, para testimonio a todas las naciones; y entonces vendrá el fin» (Mateo 24:14). En la actualidad hay un esfuerzo concertado entre cristianos evangélicos, iglesias evangélicas y organizaciones misioneras evangélicas para conseguir que el evangelio llegue a cada persona en el mundo hacia el año 2000. Se conoce como el Movimiento 2000 d.C., y su objetivo es que llegue el evangelio a cada persona y haya una iglesia para cada grupo étnico. En la actualidad tenemos la tecnología, los recursos, las estrategias y la cooperación necesarias para cumplir esta misión. ¿Podría tardarse mucho la venida de Jesús?

JESÚS Y LAS SEÑALES DEL FIN DEL MUNDO

Jesús contó a sus discípulos lo que sucedería al aproximarnos al fin del mundo.

30. *Falsos mesías* (Mateo 24:24)

Jesús predijo que muchos vendrían en su nombre diciendo ser el Cristo o un mesías. Esto está confirmado en otros pasajes bíblicos. Se nos advierte en contra de falsos maestros (2 Pedro 2:1-3) y falsos apóstoles (2 Corintios 11:13-14). Jesús incluso predijo que esos falsos Cristos y falsos profetas harían «grandes señales y prodigios» (Mateo 24:24).

31. *Guerras y rumores de guerras* (vv. 6-7)

Según nos aproximemos al fin, el mundo no mejorará: empeorará. Jesús dijo: «se levantará nación contra nación, y reino contra reino.»

Aunque la gente buscará la paz, sólo experimentarán la guerra. Según las Naciones Unidas, las tres mayores industrias en el mundo son:

- La militar: 800 mil millones de dólares anuales
- Las drogas ilegales: 500 mil millones de dólares anuales
- La petrolífera: 450 mil millones de dólares anuales[7]

¿Es acaso motivo de asombro que el mundo sea muy inestable, y que esté plagado de continuo por conflictos y hostilidades?

32. *Hambres* (v. 7)

Además de las predicciones de Jesús, otros pasajes bíblicos predicen hambres a nivel mundial durante la tribulación (por ejemplo, Apocalipsis 6:6). Los científicos están muy inquietos ante el crecimiento de la población mundial y la incapacidad de la humanidad de producir suficientes alimentos para sustentarse. Un hambre mundial es una posibilidad real.

33. *Terremotos* (Mateo 24:7)

La mayoría de los estudiosos de la profecía afirman que en años recientes ha aumentado el número de terremotos. Sin embargo, esto no es cierto, según el Centro Nacional de Información de Terremotos, que dice que el número de terremotos de magnitud 7.0 o mayor ha permanecido estable a lo largo de este siglo. Pero los terremotos continúan, y los Estados Unidos están constantemente esperando el «Grande» en California.

34. *La persecución de los cristianos* (v. 9)

El mundo siempre ha aborrecido a los cristianos, así como aborreció a Jesús. Pero según el espíritu del siglo vaya asemejándose más y más al del anticristo, habrá más persecución contra los cristianos. Los cristianos serán incluso martirizados por su fe—una tendencia que se hace más evidente de día en día alrededor del mundo.

35. *El aumento de la maldad* (v. 12)

Al aproximarse el fin del siglo, también aumentará la maldad y el pecado. A pesar de los avances en ciencia, tecnología y medicina, el mundo empeorará en lugar de mejorar. El apóstol Pablo confirma esta tendencia (2 Timoteo 3:1-9) y describe el clima cultural de los postreros días como «tiempos peligrosos» (v. 1).

36. *El oscurecimiento del sol y de la luna* (Mateo 24:29)

Un resultado de una explosión nuclear es lo que los científicos designan como «crepúsculo a mediodía». El aire se llena de materia en partículas que absorbe y refleja la luz. Como resultado, la luz del sol y de la luna queda oscurecida. ¿Podría ser esto lo predicho por el Señor?

37. *Acontecimientos cataclísmicos en el universo* (v. 29)

Jesús predijo que «las estrellas caerán del cielo, y las potencias de los cielos serán conmovidas». Esta predicción queda confirmada en la predicción de acontecimientos que se hace en Apocalipsis 6:12-14. Durante la tribulación, en los días que precederán a la segunda venida de Jesús, el universo comienza a sacudirse y desmoronarse. La actual preocupación acerca de una colisión de un asteroide con la tierra está en paralelo con esas predicciones bíblicas.

38. *Un extendido descuido de las señales de la venida del Señor* (Mateo 24:37-39)

En los días de Noé, la gente se dedicaba a sus asuntos, y no prestaron atención a sus advertencias acerca del juicio que se avecinaba. Jesús predijo que lo mismo sucedería en los últimos días: se ignorarán las advertencias acerca de la segunda venida. La vida seguirá como de costumbre, sin interés en Dios. De hecho, los que hablen de la segunda venida de Jesús serán tildados de «antiintelectuales».

PREDICCIONES Y ACONTECIMIENTOS: EL MEDIO AMBIENTE

39. *La contaminación de los mares* (Apocalipsis 8:8)

Durante la tribulación, una tercera parte de los océanos quedará contaminada. Esta contaminación causará la muerte de una tercera parte de los seres marinos. Ya hay una preocupación universal acerca de nuestro abuso y mal uso de los océanos. Este problema alcanzará inmensas proporciones durante la tribulación.

40. *La contaminación de los ríos y del agua potable* (vv. 10-11)

Una tercera parte de las aguas y de los ríos se contaminarán y envenenarán durante la tribulación. La gente morirá a causa de beber esta agua contaminada.

41. *La destrucción de bosques y tierras de pastos* (v. 7)

Durante la tribulación se quemará una tercera parte del área continental de la tierra. Una tercera parte de los bosques y de los pastos será consumida por el fuego. ¿Podría esto ser resultado de una explosión nuclear? El resultado serán unos enormes cambios en el clima y en la calidad de vida para los seres humanos.

42. *Enfermedades y plagas descontroladas que matarán a más de la cuarta parte de la población de la tierra* (Apocalipsis 6:8)

Vivimos en la época más avanzada de la historia humana en cuestiones clínicas y tecnológicas. Tenemos hospitales modernos, médicos bien instruidos y equipos y fármacos como nunca habíamos conocido en el pasado. Sin embargo, la Biblia predice que durante la tribulación las enfermedades se descontrolarán y que millones morirán. Nuestra incapacidad para curar el VIH y el SIDA se multiplicará una y otra vez con otras enfermedades y plagas.

43. *Un medio ambiente en general hostil a la vida*

Cuando consideramos la contaminación y otras devastaciones físicas predichas para la tribulación junto con el espectro de hambres y epidemias de gran extensión, una cosa queda clara: el medio ambiente para el fin del mundo será sumamente hostil para la vida. De hecho, la vida será una tragedia. La gente maldecirá a Dios y querrá morir (Apocalipsis 16:9, 11).

PREDICCIONES Y ACONTECIMIENTOS: LA CULTURA

Al describir los postreros días como «tiempos peligrosos» (2 Timoteo 3:1), el apóstol Pablo da una lista de diecinueve características de la sociedad y de las culturas para esos tiempos. He agrupado esas características en siete categorías.

44. *La gente enamorada de sí misma* (v. 2)

Como primera característica que da Pablo en su lista, éste parece ser el rasgo predominante de las gentes en los postreros días. El actual fenómeno de la Nueva Era y el movimiento de autoayuda tienen ambos la premisa del amor propio: «Entra en contacto con el dios que tú eres,» dicen los *gurus* de la Nueva Era. «Sea cuál sea tu problema, puedes resolverlo. Tú eres alguien. Ámate.» Los proponentes de la autoayuda hacen propaganda de la misma idea. Estas dos ideologías están profundamente arraigadas en la cultura occidental.

45. *Materialismo* (v. 2)

Pablo describe a las personas materialistas como «amadores del dinero» (v.m.). Amar el dinero es en realidad una extensión de amarse a uno mismo. La acumulación de dinero tiene en general el propósito de gratificar los propios deseos. Una vez más, la cultura occidental está apoyada en las columnas del dinero y de las cosas.

46. *Narcisismo* (vv. 3-4)

Otra característica de la gente en el fin del mundo es un hedonismo y narcisismo irrefrenados. Llegan a ser «amadores de los deleites más que de Dios».

47. *Arrogancia* (vv. 1-5)

Pablo emplea varias palabras para describir la arrogancia humana que predominará en los últimos días: «vanagloriosos, soberbios, … impetuosos, infatuados.»

48. *Blasfemos* (vv. 2-4)

El lenguaje y las acciones de carácter insultante acompañan a la arrogancia y al egocentrismo. Pablo designa a los culpables de esto como «blasfemos», «calumniadores», «crueles» y «traidores».

49. *Quebrantamiento de relaciones familiares y personales* (vv. 1-5)

El resultado neto del amor a uno mismo es el quebrantamiento de las relaciones familiares y personales. Pablo dice que la gente será «desobedientes a los padres, ingratos, … sin afecto natural, implacables». Se rompen los vínculos familiares. Las personas quedarán más y más divididas entre sí e incapaces de restaurar sus relaciones rotas.

50. *Gente que vive sin dominio propio* (vv. 2-4)

Quizá el rasgo más peligroso de las personas en los últimos días es la falta de dominio propio. No amarán lo bueno, sino que vivirán vidas impías y descontroladas. Esto llevará a la destrucción de una sociedad ordenada y estructurada. La gente ya no se cuidará de los demás. Harán lo que les plazca. El resultado será un caos y una anarquía a escala mundial. Esta es precisamente la clase de situación global que dará lugar a un dictador mundial, el anticristo, que prometerá imponer orden y estructura en un mundo que se está desmoronando.

SUMARIO

¿Qué predice la Biblia acerca del fin del mundo? Acabo de dar una lista de cincuenta predicciones específicas que exhiben una similitud notable con el mundo en el que vivimos. Tomadas una por una o en pequeños grupos, las predicciones son interesantes, pero no necesariamente convincentes. Pero cuando se han leído todas, uno no puede dejar de preguntarse si no estamos *ya* viviendo en los últimos días.

Mientras escribo este capítulo, estoy solo en mi casa. Mi esposa y mis hijos están esquiando en el norte de Michigan. Hacia el final del capítulo me sentí abrumado por una profunda sensación de que Jesús podía venir en cualquier momento. En ningún otro tiempo de la historia humana desde que Jesús ascendió al cielo se han agrupado tantos increíbles acontecimientos proféticos. Mientras escribía, podía sentir que mi corazón se aceleraba. Pensé: «¡Jesús podría venir hoy!» Por un momento, pensé en meterme en el auto y emprender el viaje para reunirme con mi familia para poder estar con ellos si Jesús venía. Pero luego me di cuenta de que si venía, nos reuniríamos en el aire (1 Tesalonicenses 4:13-18).

NOTAS

1. Citado por Ed Hindson, *The New World Order* (Wheaton, Ill.: Victor Books, 1991), 71.
2. *Ibid.*, 81-83. Hindson da una vista general de la larga tradición de identificar los actuales acontecimientos con la profecía bíblica.
3. Edgar C. Whisenant, *88 Reasons Why the Rapture Will Be in 1988* (Nashville: World Bible Society, 1988).
4. Thomas Ice y Timothy Demy, *El templo de los últimos días* (Grand Rapids: Edirotial Portavoz, 1997) 29, 30.
5. *Ibid.*
6. *Ibid.*
7. Según está citado en *World Watch* 9, N° 4 (julio-agosto 1996), 21.

Capítulo 11

Las diez preguntas más frecuentes acerca de los tiempos del fin

A lo largo de los años, mientras he predicado y enseñado escatología bíblica —la teología de «las últimas cosas»—, me he dado cuenta de que me hacían una y otra vez las mismas preguntas. Por lo general, la gente hace esas preguntas como reacción a un sermón o a un programa de radio o de televisión. He hecho una lista de las preguntas que se plantean con mayor frecuencia. Aunque no ha sido recopilada con un criterio científico, creo que esta lista es muy aproximadamente representativa de lo que está en la mente de la mayoría de las personas interesadas en las profecías del tiempo del fin.

¿CUÁL ES EL PAPEL DE LOS ESTADOS UNIDOS EN LA PROFECÍA BÍBLICA?

Esta es con mucho la pregunta que hacen con más frecuencia los norteamericanos. Yo crecí en Belfast, en Irlanda del Norte. Asistí a muchas conferencias proféticas allí, y no recuerdo oír nada acerca del papel de los Estados Unidos. Nosotros sentíamos interés en Gran Bretaña y su relación con la comunidad europea. Nos veíamos como parte del Imperio Romano avivado predicho en las Escrituras. Para nosotros, los Estados Unidos carecían de importancia. Pero cuando llegué a los Estados Unidos, descubrí que casi todos están interesados en saber qué puesto tiene los Estados Unidos en las profecías del tiempo del fin.

Hay un sentido en que esta pregunta es algo egocéntrica. A fin de cuentas, ¿por qué la gente no pregunta acerca del papel que vayan a tener el Brasil, o Australia, o la India, o Argentina? ¿O es que esas naciones no importan tanto como los Estados Unidos? Aunque se trata de una pregunta algo arrogante, es sin embargo importante, porque en estos momentos los Estados Unidos son la superpotencia dirigente del mundo.

Así, ¿cuál es el papel de los Estados Unidos en las profecías acerca del fin del mundo? Los Estados Unidos no son mencionados de manera directa, como tampoco lo son la Gran Bretaña, Alemania ni China. Esto en realidad parece digno de mención. Si estamos viviendo en los postreros días, ¿no sería importante identificar el papel de la nación más poderosa del mundo? A lo largo de los años, los eruditos se han esforzado por dar respuesta a esta pregunta. Hay al menos tres posibilidades con respecto a los Estados Unidos y las profecías bíblicas.

La primera es la propuesta por algunos, que los Estados Unidos están incluidos simbólicamente en el Imperio Romano avivado. Por cuanto los Estados Unidos fueron fundados por inmigrantes europeos y tienen una fuerte raíz europea, son de hecho una extensión cultural de la comunidad europea. Al avecinarse el fin del mundo, los Estados Unidos mantendrán su cooperación militar, económica y política con Europa.

La segunda es la sugerida por otros, en el sentido de que al ir acercándonos al fin del mundo, los Estados Unidos se deteriorarán y decaerán y perderán su influencia en la escena internacional como superpotencia. Jack Van Impe presenta un convincente argumento en este sentido en su libro *2001: On the Edge of Eternity* [2001: Al borde de la eternidad]. Da una lista de los numerosos y crecientes problemas morales, sociales, espirituales y culturales que acosan a los Estados Unidos. Luego hace esta pregunta: «¿Puede América sobrevivir a esta decadencia moral?» y: «¿No estamos ante el juicio de Dios?» Sugiere que puede haber unas veladas referencias a los Estados Unidos en Isaías 18:1-2, Jeremías 50—51 y Ezequiel 38:13. Cada uno de estos pasajes predice el juicio de Dios sobre naciones específicas—una de las cuales, argumenta él, puede ser una alusión a los Estados Unidos.[1] Así, esta nación quedará reducida a la impotencia internacional por el juicio de Dios.

La tercera posibilidad es la que creo, con otros, que los Estados Unidos como un país no es mencionado directamente en las Escrituras. No sería de esperar que el nombre de los Estados Unidos ni de ninguna otra nación moderna fuese mencionado en la Biblia —sólo los de algunos pocos países como Egipto y Grecia, que siguen teniendo sus antiguos nombres—, porque las Escrituras fueron escritas hace siglos. Pero sabemos que cuando los ejércitos de la coalición de Oriente inicien su invasión de Israel para la batalla de Armagedón, se encontrarán enfrentados al anticristo y a una coalición de naciones occidentales (Apocalipsis 16:12-14). Los Estados Unidos formarán seguramente parte de esta coalición porque es una superpotencia occidental. Pero el énfasis primordial de las profecías del tiempo del fin recae sobre el Oriente Medio y Europa. El resto del mundo estará involucrado, y esto incluye a los Estados Unidos, pero el centro de atención está en el mundo antiguo, no en el Nuevo Mundo.

¿NO ES UNA INSENSATEZ ESPECULAR ACERCA DE LOS TIEMPOS DEL FIN?

Debemos ser cuidadoso cuando tratamos acerca de las profecías de los tiempos del fin. Por una parte, la Biblia ciertamente hace predicciones específicas acerca del fin del mundo. Además, se nos manda que prestemos atención a esas predicciones, de modo que cuando veamos que empiezan a cumplirse sepamos que nuestra redención está cerca (Mateo 24:33; Lucas 21:28). En cambio, se nos advierte en contra de fijar tiempos y fechas. Jesús dijo: «Pero el día y la hora nadie sabe, ni aun los ángeles de los cielos, sino sólo mi Padre» (v. 36). Tenemos que recordarnos que todos los que durante los dos mil últimos años han predicho un tiempo específico para el fin del mundo se han equivocado.

Ed Hindson, en su libro *Final Signs* [Señales finales], desarrolla un útil paradigma para tratar acerca de los tiempos del fin. Hace una distinción entre los hechos, las presuposiciones y las especulaciones tocantes a las profecías bíblicas.

> *Hechos*. Se trata de las realidades claramente expresadas de la revelación profética: Cristo regresará a recoger a los suyos; Él juzgará el mundo; habrá un tiempo de gran tribulación al final del siglo; …
>
> *Presuposiciones*. La profecía factual sólo nos dice hasta tanto y no más. Más allá de esto, debemos adoptar algunas presuposiciones … por ejemplo, es una presuposición que Rusia invadirá Israel en los últimos tiempos. Que esto sea

realidad o no depende de la legitimidad de la interpretación que hagamos acerca de la profecía que pronuncia Ezequiel acerca de Magog (Ezequiel 38—39).

Especulaciones. Eso son puras conjeturas calculadas basadas en presuposiciones.[2]

Haremos bien en identificar claramente nuestra comprensión de los tiempos del fin respectivamente como hechos, presuposiciones o especulaciones.

¿QUÉ HAY ACERCA DE LOS DERECHOS DE LOS PALESTINOS?

La Biblia predice el recogimiento del pueblo judío en Israel. Es ahí donde Jesús establecerá su reino terrenal. Ahora mismo, Israel existe como Estado. Pero, ¿qué hay de los derechos de los palestinos desplazados que lo perdieron todo cuando Israel vino a ser nación? Muchos teólogos tienden a dejar de lado esta dificilísima cuestión.

Me encontré con esta cuestión cuando era estudiante universitario a finales de la década de los sesenta. Tenía un buen amigo palestino y toda su familia vivía en Jerusalén. Era un maravilloso cristiano lleno de vida. Pero después de la Guerra de los Seis Días en 1967, cuando Israel conquistó toda Jerusalén, su familia lo perdió todo: sus hogares, sus negocios, y su dignidad. No tenía *nada* bueno que decir de los judíos. Admitía que eran el pueblo de Dios y que tenían un derecho divino a la tierra (Génesis 12), pero insistía en decir: «Odio a los judíos. Odio a los judíos. ¡Odio a los judíos!»

Durante horas escuché el dolor de mi amigo. Hay palestinos desplazados en la iglesia en la cual soy en la actualidad el pastor. Uno de ellos ha hecho el papel de Jesús en nuestra obra de Pascua. ¡Imaginaos esto: un árabe haciendo el papel de Jesús! Esto sólo podría suceder mediante la reconciliación que procede de la cruz de Cristo. Como cristianos deberíamos sentirnos interesados en la reconciliación de judíos y palestinos. En tanto que comprendemos el derecho divino de los judíos a Israel, esto no significa que ignoramos las necesidades de los palestinos. Necesitamos hablar en favor también de ellos.

¿ESTÁ VIVO EL ANTICRISTO EN LA ACTUALIDAD?

En la película *The Final Conflict* [Conflicto final] hay una escena en la que hay un monje que está orando a Dios. Le pide a Dios que le revele la identidad del anticristo para que pueda ser muerto, y así garantizar la seguridad del regreso de Cristo. Aunque esta oración no está basada en la Biblia —el anticristo será juzgado por Dios y no muerto por un monje—, la escena refleja el interés de muchas personas en discurrir acerca de la identidad del anticristo.

¿Vive el anticristo en la actualidad? Pudiera ser. El próximo gran acontecimiento profético es el arrebatamiento de la iglesia. Después del arrebatamiento habrá un período de siete años de tribulación durante el que el anticristo accederá al poder mundial. Esto significa que el anticristo tendrá que tener la suficiente edad en el momento del arrebatamiento para ejercer un poder político a escala mundial. De hecho, yo creo que muchos de los acontecimientos que están predichos para la tribulación comenzarán a tomar forma antes del arrebatamiento. Si estamos viviendo muy cerca del arrebatamiento, entonces el anticristo vive ya.

¿DEBERÍAMOS RESISTIR LAS TENDENCIAS HACIA EL GLOBALISMO?

Desde que llegué a los Estados Unidos en 1964 he mantenido mi pasaporte británico, porque en algunos lugares del mundo es más fácil entrar con un pasaporte británico. Hace varios años fui a renovar mi pasaporte, pero en lugar de un pasaporte británico recibí un pasaporte europeo-británico. La cubierta es similar a la de mi anterior pasaporte; hay un escudo nacional y, encima, las palabras «Reino Unido de Gran Bretaña y de Irlanda del Norte». Pero encima están las palabras «Comunidad Europea».

Según nos vayamos dirigiendo hacia la aldea global, ¿pasarán todos los pasaportes a tener las palabras «Comunidad Mundial» encima? La Biblia predice este giro hacia el globalismo, y estamos bien de camino en esta dirección. ¿Deberíamos resistirnos a esto? Algunos cristianos creen que sí. Contemplan esta tendencia como un mal intrínseco, porque abre el camino al anticristo y a su gobierno mundial. Otros consideran esta tendencia como mala porque significa la pérdida de la identidad nacional y de las libertades individuales. Algunas de estas personas están preparándose para el fin del mundo almacenando municiones y alimentos, y construyendo refugios atómicos.

A mí no me parece que la tendencia sea fundamentalmente mala y que por ello deba ser resistida. Se trata sencillamente de una tendencia. De hecho, proporciona unas maravillosas ventajas para los cristianos. Al irse haciendo el mundo más pequeño y al ser más fácil cruzar los límites nacionales, se abren nuevas posibilidades para el evangelio. En el mundo cambiante en el que vivimos, podemos hacer una de dos cosas: lamentarnos por los cambios, o pedir a Dios que nos ayude a aprovecharlos para el avance del evangelio y de la iglesia.

¿PASARÁ LA IGLESIA POR LA TRIBULACIÓN?

Hay al menos tres opiniones principales acerca de la iglesia y de la tribulación. Primero, algunos enseñan que la iglesia no pasará a través de este turbulento período. Jesús vendrá y sacará la iglesia de este mundo y la llevará al cielo: el acontecimiento que llamamos el arrebatamiento. Esta enseñanza recibe el nombre de arrebatamiento pretribulacional de la iglesia.

Segundo, otros enseñan que la iglesia pasará una parte de la tribulación, pero no todo el período de siete años. La iglesia padecerá persecución pero no tendrá que padecer lo peor de la tribulación, los últimos tres años y medio. Muchos de los que mantienen esta enseñanza creen en un arrebatamiento mediotribulacional.

Tercero, algunos enseñan que la iglesia pasará por toda la tribulación, y que el llamado arrebatamiento y la segunda venida de Jesús para establecer su reino son uno y el mismo acontecimiento.

Yo creo que la iglesia será sacada del mundo antes de la gran tribulación. En tanto que hay algunos pasajes que podrían sugerir lo contrario, el conjunto de la evidencia bíblica parece estar del lado del arrebatamiento pretribulacional de la iglesia. Consideremos la siguiente evidencia bíblica:

1. *La Biblia promete protección a la iglesia respecto a la gran tribulación*

> Por cuanto has guardado la palabra de mi paciencia, yo también te guardaré de la hora de la prueba que ha de venir sobre el mundo entero, para probar a los que moran sobre la tierra.
>
> *Apocalipsis 3:10*

2. *Jesús alentó a sus discípulos a que orasen para ser liberados de la gran tribulación*

> Velad, pues, en todo tiempo orando que seáis tenidos por dignos de escapar de todas estas cosas que vendrán, y de estar delante del Hijo del Hombre.
>
> *Lucas 21:36*

3. *La ira de Dios que se desencadenará durante la Tribulación es para los no creyentes, no para la iglesia*

La iglesia está ya en el cielo con Jesús cuando tienen lugar esos acontecimientos (Apocalipsis 19:7-9).

4. *El centro de autoridad durante la tribulación será Israel*

La iglesia no es ni siquiera mencionada en las muchas profecías tribulacionales que se encuentran en el libro de Apocalipsis. Creo que esto se debe a que la iglesia no está en la tierra: está en el cielo, habiendo sido liberada de la tribulación por el arrebatamiento.

¿DEBERÍAN LOS CRISTIANOS SENTIRSE PREOCUPADOS POR LAS ARMAS NUCLEARES?

Desde la invención de las armas nucleares, todo el mundo ha estado viviendo con la posibilidad de una rápida y violenta aniquilación. Todo podría estallar en cualquier momento. Cuando leemos las predicciones que se encuentran en el libro de Apocalipsis, algunas descripciones de acontecimientos futuros presentan unos paralelos notables con los resultados de una guerra nuclear total. Si parte del mundo va a ser volado de todas maneras en una hecatombe del fin de los tiempos, ¿deberían los cristianos preocuparse en lo más mínimo por esta amenaza? A fin de cuentas, ¿no vamos a ser arrebatados y por ello no hay necesidad de preocuparse acerca de esas cuestiones?

Me parece que con independencia de lo que suceda en el futuro, tenemos una responsabilidad obligatoria de tratar con la situación presente. Recuerdo hace años cuando Billy Graham fue a la Unión Soviética para una conferencia internacional sobre la paz y la reducción de las armas nucleares. Muchos cristianos pensaron que había cometido un terrible error. Muchos pensaron que estaba siendo manipulado por el estado comunista. Pero Graham estaba dedicado a la idea de que debemos reducir el número de armas nucleares, o, si es posible, incluso eliminarlas. Estoy de acuerdo con esta idea. Ignorar la amenaza de las armas nucleares no es una opción cristiana responsable. Deberíamos trabajar por la paz y por la eliminación de esas armas de destrucción en masa indiscriminada.

LOS ORDENADORES, ¿SON MALOS?

Recuerdo que oí hace años, cuando se comenzaron a introducir los ordenadores, acerca de un gigantesco ordenador en Europa que se decía que se llamaba «la bestia». Oí predicar sermones contra este ordenador. «Estamos en los postreros días», declaraban. «Incluso tenemos el ordenador que establecerá la economía mundial unificada.» El mensaje estaba claro: los ordenadores son cosa mala. En mi investigación para este libro hice todo lo posible para confirmar la historia de que «la Bestia» existe. Sí que confirmé que en Europa existe un gran ordenador, pero no pude confirmar que se llamase «la bestia». Además, nunca fue diseñado para establecer un sistema económico a escala mundial ni es capaz de ello.

La Biblia predice un giro hacia una economía de escala mundial. La gente tendrá que tener la «marca de la bestia» para hacer transacciones en aquel mercado. Parece probable que los ordenadores tendrán un papel primordial en el giro actual hacia el globalismo, pero esto *no* significa que los ordenadores sean malos. Los ordenadores son instrumentos tecnológicos, y la tecnología no es ni inherentemente buena ni inherentemente mala. La moralidad de una tecnología se define por lo morales o inmorales que sean los seres humanos que la utilizan.

¿CUÁL ES LA SEÑAL MÁS SIGNIFICATIVA POR LO QUE RESPECTA AL FIN DEL MUNDO?

La señal más significativa —y la que me hace pensar si realmente estamos viviendo en los últimos días— es el regreso de los judíos a Israel y el establecimiento de un estado judío. En mi opinión, la formación del Estado de Israel en 1948 señaló un acontecimiento significativo en el calendario de Dios y en la marcha hacia el fin del mundo.

Aunque esto sucedió hace sólo cincuenta años, los eruditos bíblicos lo habían estado prediciendo desde hacía siglos. Sus predicciones habían sido consideradas insensatas e ingenuas. Pero tenían razón. He podido leer un librito titulado *The Blessed Hope: Papers on the Lord's Coming and Connected Events* [La esperanza bienaventurada: Artículos sobre la venida del Señor y acontecimientos relacionados con la misma]. Este librito fue publicado en 1901, pero las conferencias publicadas en el mismo habían sido pronunciadas en 1879. El autor dedica todo un capítulo al regreso de los judíos a la tierra. Dice él: «No hay nada más cierto en la palabra de Dios que el hecho de que los judíos, que están ahora dispersados por todo el mundo, serán restaurados a su propia tierra, ...»[3] Y añade:

> Vemos así que Dios no ha olvidado su pacto con Abraham (Génesis 17:4-8); porque aunque Israel ha fracasado respecto a su responsabilidad, y ha perdido todo derecho ante Dios, Él sin embargo, en fidelidad a su propia palabra, en la maravilla de su gracia, cumplirá todo lo que ha prometido. Y se aproxima el tiempo en que Israel, de nuevo restaurado a su propia tierra, «florecerá y echará renuevos ..., y la faz del mundo llenará de fruto» (Isaías 27:6).[4]

Hace más de cien años, este escritor predijo que el regreso de los judíos «se aproxima». Después de casi dos mil años de dispersión, los judíos han regresado como testimonio del poder milagroso de Dios y de las predicciones proféticas de las Escrituras. Para mí, ésta es la más convincente señal que indica que podemos estar viviendo en los postreros días.

¿VOLVERÁ JESÚS ANTES DEL 2000 d.C.?

Esta es la pregunta capital: ¿Volverá Jesús antes del 2000 d.C.? Al acercarnos a esta fecha y al subir la fiebre milenaria hasta proporciones epidémicas, más y más personas se sentirán tentadas a especular que Jesús puede volver antes de o justo al comienzo del próximo milenio. Recordemos que otros han hecho similares predicciones en el pasado. Han designado fechas específicas, y todas esas fechas han venido y han pasado y seguimos estando esperando el regreso de Jesús. En otras palabras, nadie sabe exactamente cuándo volverá Jesús, si antes o después del cambio de milenio. Pero lo que *sí* sabemos es que volverá.

¿Podría Jesús volver antes del 2000 d.C.? Esta es una pregunta distinta, ¡y la respuesta es un *sí* absoluto! Jesús podría volver en cualquier momento. El escenario de la historia del mundo ha quedado preparado. Los protagonistas están todos en sus puestos. *No* quedan más acontecimientos profetizados en la Biblia que deban tener lugar antes que vuelva Jesús. ¡Él podría venir en cualquier momento!

NOTAS

1. Jack Van Impe, *2001: On the Edge of Eternity* (Dallas: Word Books, 1996), 165-84.
2. Ed Hindson, *Final Signs* (Eugene, Ore.: Harvest House, 1996), 36-37.
3. E. Dennett, *The Blessed Hope: Papers on the Lord's Coming* (Londres: A. S. Rouse, 1901), 48. (Este valioso tratado está actualmente disponible en sucesivas reimpresiones: Bible Truth Publishers, Addison, Illinois, EE. UU. —N. del T.)
4. *Ibid.*, 58.

Capítulo 12

ENTONCES, ¿CÓMO DEBERÍAMOS VIVIR?

En este libro me he centrado en y desarrollado tres ideas principales.

1. La Biblia predice que Jesucristo va a volver a la tierra para establecer su reino.

2. La Biblia predice de manera detallada muchos de los acontecimientos que precederán a la venida de Jesús. Entre ellos se incluyen el arrebatamiento de la iglesia; la gran tribulación; el surgimiento del anticristo; el establecimiento de un gobierno mundial, y de una economía e iglesia asimismo mundiales; y la batalla final de Armagedón.

3. Los acontecimientos que están teniendo lugar en la actualidad tienen una increíble semejanza con los acontecimientos predichos en la Biblia. La actual situación mundial tiene un mayor y más estrecho paralelismo con los tiempos del fin predichos en la Biblia que ningún otro tiempo desde que Jesús ascendió al cielo.

A la luz de esas tres realidades, entonces, ¿cómo deberíamos vivir?

Esta *no* es una pregunta que hagan con frecuencia las personas interesadas en las profecías sobre el tiempo del fin. He escuchado docenas de sermones y he visto muchas películas sobre este tema, y muy pocas personas se interesan seriamente por saber cómo deberíamos vivir a la luz de la inminente venida de Jesús. Desafortunadamente, muchos están sólo interesados en las últimas interpretaciones y especulaciones acerca de la Biblia. No están demasiado interesados en las implicaciones prácticas, cotidianas, de la Biblia. Sin embargo, al estudiar los pasajes proféticos que tratan acerca del fin del mundo, vemos que casi todos ellos van acompañados de claras instrucciones acerca de cómo deberíamos vivir *hoy*.

ALGUNOS CONSEJOS DE JESÚS

¿Y qué si pudiésemos ir al cielo y tener una conversación personal con Jesús acerca de su regreso a la tierra y del fin del mundo? Sería un diálogo de lo más fascinante. ¿Qué diría Jesús cuando nos dispusiéramos a volver a la tierra? ¿Qué diría él acerca de cómo deberíamos vivir mientras esperamos anhelantes su regreso? Sobre esto no tenemos que especular. Mientras Jesús estaba en la tierra, dio instrucciones específicas a sus discípulos acerca de cómo debían vivir. Este discurso se encuentra registrado en Mateo 23—25. Es una extensa conversación acerca de las señales de su venida y el fin del mundo.

En este libro hemos examinado el capítulo 24 con gran detalle por lo que respecta a los postreros días. Pero la mayor parte del discurso de Jesús trata acerca de la manera en que hemos de vivir a la luz del fin del mundo. Jesús dedica más tiempo a este tema que a enumerar las señales específicas. En Mateo 25 pronuncia tres parábolas para informarnos de nuestras responsabilidades mientras esperamos el fin del siglo.[1]

1. *La parábola de las diez vírgenes: Estad preparados para la venida del Señor*

La historia que se narra en Mateo 25:1-13 trata acerca de diez vírgenes que esperan la llegada del novio para la ceremonia y banquete de bodas. Cada una de las mujeres tenía una lámpara. Cinco de las vírgenes son designadas como «prudentes», porque habían llevado una reserva adicional de aceite para sus lámparas. Cinco son llamadas «insensatas» porque no llevaron aceite suplementario. Retardándose el novio, todas ellas se amodorraron y cayeron dormidas. Finalmente, las vírgenes despertaron. Todas las lámparas necesitaban ahora más aceite, pero las vírgenes insensatas no tenían más. Se les dijo que fueran a comprar más aceite, pero mientras estaban fuera, llegó el novio. Las cinco vírgenes quedaron excluidas de la fiesta de bodas.

Jesús concluye la historia con una advertencia: «Velad, pues, porque no sabéis el día ni la hora en que el Hijo del Hombre ha de venir» (v. 13).

El mensaje de Jesús en esta historia está claro. Primero, no sabemos cuándo vendrá Jesús. Podría ser hoy, mañana o este año o el próximo. Podría ser antes del 2000 d.C., o podría ser después de esta fecha. Segundo, Jesús podría venir en cualquier momento. La iglesia primitiva esperaba que Jesús podía venir en su época. Deberíamos tener este mismo sentido de expectativa. Tercero, deberíamos estar listos para el regreso de Jesús. No deberíamos ser como las vírgenes insensatas que no estaban preparadas.

2. *La parábola de los diez talentos: Sed buenos administradores de lo que Dios os ha confiado.*

Los versículos 14-30 cuentan la historia de un rico propietario que se fue de viaje y confió sus propiedades a tres siervos. Al primero le dio cinco talentos: una unidad monetaria de aquellos tiempos. Al segundo le dio dos talentos, y al tercero, un talento. Durante la ausencia del dueño, el siervo con cinco talentos trabajó con diligencia y ganó otros cinco talentos. El que había recibido dos talentos también trabajó duro y ganó otros dos. Pero el que había recibido un talento hizo un hoyo en el suelo y ocultó el dinero.

Cuando volvió el propietario, llamó a los tres siervos. Se sintió muy complacido con los dos primeros, y los elogió. «Bien, buen siervo y fiel; sobre poco has sido fiel, sobre mucho te pondré; entra en el gozo de tu señor» (vv. 21, 23). Pero el propietario no se sintió complacido con el tercer siervo. Éste no había hecho nada con su talento. El propietario lo calificó de «siervo malo y negligente» (v. 26); le quitó aquel único talento y se lo dio al primero. Luego echó a este siervo a «las tinieblas de afuera; allí será el lloro y el crujir de dientes» (v. 30).

La verdad que se revela en esta historia es que Dios ha dado «talentos» a cada persona, esto es, algo que utilizar. Un día, cuando Jesús regrese, juzgará nuestra mayordomía de los recursos que Él nos ha confiado. Nuestra responsabilidad es invertir nuestros recursos en formas estratégicas para impulsar los intereses del amo: Dios. Si somos fieles como buenos administradores de estos recursos, seremos encomiados por Dios y se nos pondrá al cargo de muchas cosas en el reino terrenal de Jesucristo.

¿Qué estamos haciendo con los recursos materiales que Dios nos ha dado? Ésta es la crucial pregunta que se suscita en la parábola. ¿Estamos acaparando los recursos como el tercer siervo, o los estamos invirtiendo y multiplicando para los propósitos del Maestro? Me siento preocupado de que cuando se trata de dinero y de cosas materiales, vivimos como si no hubiera eternidad ni esperanza de la venida de Jesús. Somos indulgentes con nosotros mismos y acumulamos nuestros recursos para nuestro propio beneficio en lugar de invertirlos para los propósitos del reino. Creemos en la Segunda Venida. Creemos que nuestra administración será objeto de juicio. Pero en realidad vivimos como si Dios no existiera y como si Jesús no fuera a venir de verdad. ¡Yo diría que esto hace de nosotros *ateos en lo escatológico!*

3. *Las ovejas y las cabras: La verdadera fe se acredita en la compasión por los pobres.*

La parábola que se narra en los versículos 31-46 se refiere al juicio cuando Jesús venga a separar las ovejas —sus seguidores— de las cabras: los no creyentes. El énfasis de esta parábola recae en el criterio mediante el que Jesús hará sus juicios. La gente será medida por lo que hizo por los hambrientos, los sedientos, los sin hogar (el «forastero»), los desnudos, los enfermos y los encarcelados (vv. 34-36). Los que se cuidan de esas personas serán invitados al reino. Los que los ignoran serán «malditos» y echados al «fuego eterno preparado para el diablo y sus ángeles» (v. 41).

Ésta es una historia inquietante y difícil de comprender. La principal verdad es a la vez misteriosa e intranquilizadora: Cuando ministramos a los pobres, estamos ministrando a Jesús. Cuando Jesús juzga a las cabras, declara: «Tuve hambre, y no me disteis de comer; tuve sed, y no me disteis de beber; fui forastero, y no me recogisteis; estuve desnudo, y no me cubristeis; enfermo, y en la cárcel, y no me visitasteis» (vv. 42-43). Los que reciben esta reprensión se sienten asombrados. «Nunca lo vimos de este modo», vienen a decir. La implicación es que si hubieran visto a Jesús teniendo esas necesidades, es indudable que habrían respondido más favorablemente.

Lo que Jesús les viene a decir es que en realidad le habían visto en la causa de los pobres, pero que le habían ignorado. «De cierto os digo que en cuanto no lo hicisteis a uno de estos más pequeños, tampoco a mí lo hicisteis» (v. 45). Jesús nos dice que cuando damos alimento a los hambrientos, lo estamos dando al Señor mismo. Lo mismo cuando damos agua a los sedientos. Cuando damos hospitalidad a los carentes de hogar estamos acogiendo a Jesús. Cuando visitamos a los enfermos y a los presos, estamos visitando a Jesús. Tocar y cuidar las necesidades de los demás es tocar y cuidar a Jesús. Ignorarlos es ignorar a Jesús.

He de confesar que no comprendo la teología de esta declaración. ¿Cómo puede estar Jesús presente en los pobres? ¿Cómo pueden ser unos sencillos actos de amor hacia los pobres ser, de hecho, simples actos de amor hacia Jesús? No sé cómo contestar a estas preguntas, pero sé que debemos vivir nuestra fe de una forma práctica con actos de amor hacia «estos más pequeños». Y cuando Jesús venga, seremos juzgados según esas obras.

Aunque no comprendo esta verdad, la he experimentado en muchas ocasiones. Hace muchos años decidimos, como iglesia, intentar mostrar amor y solicitud por las personas seropositivas del virus de inmunodeficiencia (VIH). Llegamos a la conclusión de que esas personas eran algunas de las más relegadas, olvidadas y discriminadas en nuestra comunidad. Llegamos también a la conclusión de que si Jesús estuviera presente en nuestra ciudad, estaría visitando a gente seropositiva y a sus familias. A lo largo de los años he acompañado a muchas personas seropositivas del virus de inmunodeficiencia (VIH) en la oscura y solitaria batalla que finalmente les arrebató la vida. En medio de nuestro caminar juntos he descubierto la presencia de Jesús de una manera inexplicable y sobrenatural.

Pienso en un hombre al que llamaremos Bill. Bill era un negociante de éxito en la comunidad, con una familia respetada. Toda su vida había tenido conflictos con su sexualidad y tenía una vida secreta que pocos conocían. Finalmente unos análisis revelaron que era seropositivo para el virus de inmunodeficiencia, y luego pasó a ser un caso abierto de SIDA. Fue un difícil camino. Un día pasé horas con él mientras me contaba toda su historia. Estuvimos llorando juntos, abrazándonos y orando. Compartió todos los detalles de aquella historia con su familia, que le perdonó y le sostuvo durante el último mes de su vida.

Estuve con Bill la noche que murió. Estaba en una estancia oscura en el pabellón de pacientes terminales de un hospital local. Su cuerpo había quedado deshecho por la enfermedad, y era una sombra de lo que había sido. Tenía los ojos hundidos, y estaba inconsciente. Durante la noche le leí todos los pasajes de la Biblia que trataban del cielo. Era en muchas maneras una extraña escena: Una estancia oscurecida. Un parco y simple mobiliario. Un hombre moribundo. La Biblia. La esperanza del cielo.

Mientras estaba sentado junto al lecho de Bill, sabiendo que se dirigía al cielo, tuve la extraña sensación de que estaba sentado en presencia de Jesús. Sentí que Jesús estaba presente a través de Bill de una manera inexplicable pero poderosa: más real que estando entre miles en los bancos de la iglesia una mañana de domingo, más real que en el ministerio público y visible de nuestra iglesia. Jesús estaba presente en «uno de estos más pequeños» (Mateo 25:45).

Cuando estemos ante Jesús en juicio, se nos juzgará acerca de cómo tratamos a los necesitados que Dios nos trajo a nuestro camino. Jesús no enseña un camino de salvación mediante responsabilidad social. Somos salvos exclusivamente por la fe. Más bien, lo que está enseñando es que una fe *que salva* es una fe que se traduce en acción. Demasiados de nosotros, cristianos evangélicos, hemos perdido por completo las implicaciones sociales del evangelio. Jesús está a nuestro alrededor en los hambrientos, desnudos, sin hogar, enfermos y presos. ¿Seguiremos ignorándolos a ellos y a Jesús? La perspectiva del regreso de Jesús debería motivarnos a la acción en favor de los marginados en nuestras comunidades.

VIVIENDO CON LA ETERNIDAD A LA VISTA

Vosotros, pues, también, estad preparados, porque a la hora que no penséis, el Hijo del Hombre vendrá.

Lucas 12:40

Hay dos realidades acuciantes acerca de la vida y de la eternidad. Primero, la vida es breve e incierta. La Biblia está repleta de advertencias acerca de la brevedad de la vida. La vida es como la hierba que está aquí hoy y que se va mañana (Salmo 102:11). Es como una flor que se abre un día y se marchita al siguiente (Salmo 103:15-16). Se nos instruye así: «No te jactes del día de mañana», acerca de nuestros grandes planes (Proverbios 27:1). Segundo, Jesús podría venir en cualquier momento. La Biblia nos amonesta a que estemos listos en cualquier momento para su vuelta. Debemos vivir cada día con la realidad de la eternidad presente en nuestras mentes.

Cuando era adolescente, conocí a otros adolescentes cristianos cuyos padres los inducían a menudo a sentimientos de culpa. Antes que estos adolescentes salieran a pasar la tarde fuera, sus padres les decían algo así: «Ahora, recuerda que eres un cristiano. No vayas a lugares que no debieras ir, como el cine. Si vas allí y Jesús vuelve, ¡no sabrá donde encontrarte!» Recuerdo aquel consejo, y me echo a reír. Es un error teológico total. Jesús es Dios y lo sabe todo; desde luego sabría donde buscarnos si volviera. Pero en esta declaración hay un elemento crucial de verdad. Debemos vivir cada día y cada momento de cada día con la conciencia de que Jesús podría volver en cualquier momento. Esta conciencia afectará a la manera en que vivimos, lo que decimos, lo que hacemos y adónde vamos.

> Amados, ahora somos hijos de Dios, y aún no se ha manifestado lo que hemos de ser; pero sabemos que cuando él se manifieste, seremos semejantes a él, porque le veremos como él es. Y todo aquel que tiene esta esperanza en él, se purifica a sí mismo, así como él es puro.
>
> *1 Juan 3:2-3*

Muchos de los asistentes a mi iglesia llevan un brazalete con las siglas *W.W.J.D.*, que es el anagrama de las palabras que en inglés significan: What Would Jesus Do? [«¿Qué Haría Jesús?»] Es un recordatorio para hacerse todo el día esta pregunta: «¿Qué haría Jesús?», y sea lo que sea, ¡hazlo! Quizá deberíamos hacer otro brazalete: *Y.S.J.V.H.* «¿Y si Jesús viniera hoy?» ¿Cómo viviría yo? ¿Qué haría? ¿A dónde iría? ¿Qué objetivos quiero alcanzar? Así es precisamente cómo deberíamos vivir: con la eternidad a la vista.

NO OLVIDEMOS EL MANDATO CREACIONAL

La Biblia predice unos enormes cambios en el medio ambiente a peor conforme el mundo se acerque al fin. Predice la destrucción de tierras de pasto y de bosques, el envenenamiento de las aguas y de los océanos, la inmensa destrucción de vida salvaje y de seres marinos, el calentamiento global y cambios principales en las estaciones. Esas tendencias no nos eximen de la responsabilidad de cuidar de nuestro medio y de hacer todo lo que podamos para protegerlo. El inevitable deterioro del mundo físico no nos excusa de nuestras actuales responsabilidades bíblicas.

Cuando la Creación, los seres humanos recibieron unas responsabilidades específicas acerca del medio ambiente. Dios mandó a Adán y a Eva que «llenaran la tierra y la sometieran» y que trabajaran el huerto de Edén y «lo cuidaran» (Génesis 1:28; 2:15). Toda la tierra pertenece a Dios (Salmo 24:1), y toda la creación refleja su gloria (Salmo 19:1). Somos mayordomos de la creación, y, como tales, protegemos la gloria de Dios tal como se revela en el mundo natural.

Como cristianos que esperamos la venida de Jesús, ignoramos

demasiadas veces nuestras responsabilidades para con la creación. Por una parte, podemos llegar a desarrollar un fatalismo basado en nuestra comprensión de los tiempos del fin. «Las cosas van a peor», razonamos nosotros. «Forma todo parte del plan. Por ello, no tengo ninguna responsabilidad de resistir a esta tendencia.» El apóstol Pablo dice que desde la Caída la creación ha estado «gimiendo», anhelando la liberación (Romanos 8:22). Pero este deterioro no nos absuelve de la responsabilidad de hacer lo que podamos con lo que tenemos para proteger el medio. Por otra parte, podríamos dejar de lado el medio ambiente por temor a estar adorando la creación antes que al Creador. Tenemos miedo de que si protegemos el medio ambiente desarrollaremos una perspectiva distorsionada de la creación. Sin embargo, una solicitud genuina por la creación es de hecho la puesta en práctica de nuestra fe mediante la obediencia a la palabra de Dios que creó el mundo.

HACIENDO FRENTE A LA AMENAZA NUCLEAR

Las descripciones de la destrucción de vida humana y del medio que se predice en la Biblia para los tiempos del fin muestran una gran semejanza con las consecuencias de las explosiones nucleares. Muchas personas creen que habrá una gran guerra nuclear durante la tribulación. Debido a ello, algunos han adoptado una actitud de indiferencia ante la amenaza de la guerra nuclear. Creen que porque la iglesia será sacada de la tierra antes que sucedan esas cosas, no tenemos por qué preocuparnos acerca del problema de las armas nucleares.

Creo que este punto de vista está totalmente errado. Nada en la Biblia impide la posibilidad de que se dé una guerra nuclear antes del arrebatamiento y de la tribulación. En otras palabras, la creencia de que no habrá una guerra nuclear hasta la tribulación da una falsa sensación de seguridad. La verdad es que vivimos cada día con la posibilidad de que alguien, en algún lugar, pulse accidental o deliberadamente el botón y provoque una devastación en la tierra.

La existencia y la proliferación de las armas nucleares debería ser una preocupación para cada cristiano debido a su poder para causar una destrucción en masa de la vida y del mundo natural. ¿Qué pueden hacer los cristianos? Primero, podemos orar y alentar a la reducción y eliminación de dichas armas. Segundo, podemos predicar y dar ejemplo del evangelio de la reconciliación que reduce las tensiones que conducen a la guerra. Jesús vino para reconciliar a los pecadores con Dios y unos con otros traspasando los límites étnicos, sociales, raciales, de género y culturales. En un tiempo en que hay abundante presencia de limpieza étnica, guerras tribales y odio religioso, nos es urgentemente necesario proclamar el evangelio de palabra y de hecho: un evangelio de la reconciliación.

DIOS ES EL DIOS DE LA HISTORIA

En medio de un mundo cambiante y en marcha hacia Armagedón, una cosa queda cierta: Dios está al control. Dios es el Señor de la historia, y toda la historia está en marcha hacia la segunda venida de Jesucristo. El profeta Daniel recibió muchas visiones acerca de acontecimientos futuros. Mediante dichas visiones comprendió que Dios está al control y que esas predicciones, aunque pertenecían a edades venideras, tenían unas implicaciones inmediatas para su propia vida. Ésas son las últimas palabras de Dios a Daniel después que el profeta hubiera recibido algunas terribles revelaciones acerca del futuro.

> Y tú irás hasta el fin, y reposarás, y te levantarás para recibir tu heredad al fin de los días.
>
> *Daniel 12:13*

«Irás hasta el fin.» Por cuanto Dios es el Dios de la historia humana y Él está al control, tenemos la responsabilidad de seguir buscándole y haciendo lo que Él nos ha llamado a hacer. Algunas personas se obsesionan con las profecías del tiempo del fin. Estudian y leen. Aprenden y especulan. Pero se olvidan de que nuestra esperanza futura debería llevarnos a *servir* a Dios en el presente.

«Reposarás.» Nuestra esperanza no reside en ningún sistema político de este mundo. Aquí en la tierra seguiremos debatiéndonos en un mundo en un caos creciente. Pero nuestra morada permanente no está aquí. Somos peregrinos y extranjeros, sólo estamos de paso. Nuestro reposo está en la eternidad.

«Te levantarás para recibir tu heredad al fin de los días.» Nuestra recompensa está en el cielo. Si pertenecemos a Dios por la fe en Cristo, se nos garantiza una morada eterna y seremos juzgados y recompensados según la forma en que hemos vivido aquí (Mateo 25).

¿ESTOY LISTO PARA LA VENIDA DE JESÚS?

Si Jesús fuera a volver hoy, ¿estaría listo para encontrarme con Él? La Biblia enseña que cuando Jesús venga a por su iglesia, sólo los creyentes se levantarán para encontrarse con él en las nubes y pasar el resto de la eternidad con Él (1 Tesalonicenses 4:13-18). Te debo hacer una pregunta: «¿Conoces a Jesucristo personalmente? Si fuese a volver hoy, ¿sabes si serás llevado al cielo? Si fueras a morir hoy, ¿estás seguro de que irías al cielo?»

Los seres humanos fueron creados a imagen de Dios para gozar de una relación íntima y personal con Él (Génesis 1:27). Adán y Eva gozaron de aquella íntima relación con su Creador, pero luego le desobedecieron y fueron echados del paraíso. Debido a su desobediencia, todos los seres humanos son pecadores y están separados de Dios (Romanos 3:10-18, 23). La santidad de Dios demanda perfección como prerrequisito para tener relación con Él, y demanda el castigo del pecado. Para los seres humanos, esto presenta un doble dilema: Nunca podemos alcanzar la norma de Dios de la perfección, y la perfección de Dios demanda que nuestro pecado sea castigado con la muerte (Romanos 6:23).

Pero las buenas noticias del evangelio es que Dios mismo actuó para solucionar el problema. Él envió a su Hijo único para que muriera como nuestro sustituto. Cuando Jesús murió, sufrió la pena por nuestro pecado en nuestro lugar (Hebreos 10:10, 12). Nuestro pecado puede ser perdonado y podemos ser declarados justos por la muerte, sepultura y resurrección de Jesucristo (Romanos 5:1-2). Este perdón y esta aceptación de parte de Dios vienen por medio de la fe personal y confianza en Jesucristo.

> Mas a todos los que le recibieron, a los que creen en su nombre, les dio potestad de ser hechos hijos de Dios.
>
> *Juan 1:12*

Debemos hacer dos cosas para la salvación: creer y recibir. Debemos creer que somos pecadores separados de Dios. Debemos creer que Jesucristo es el Hijo de Dios. Debo creer que Jesús murió, que fue sepultado y que resucitó como mi sustituto. Segundo, debemos recibir a Jesús como nuestro Señor y Salvador personal.

Yo tomé esta decisión en Belfast, Irlanda del Norte, cuando tenía once años. Me arrodillé junto a mi cama una noche y oré una oración como la que cito:

> Amado Dios, sé que soy pecador. Ruego tu perdón. Creo que Jesús murió y resucitó por mí. Entra en mi vida, Señor Je-

sús. Te recibo como mi Señor y Salvador. Quiero seguirte por el resto de mi vida.

Esta oración fue mi primer paso en un camino de por vida de seguir a Jesús. Fue el paso más importante. Si Jesús fuera a venir hoy o si yo fuera a morir hoy, *sé* que iría al cielo. ¿Has arreglado la cuestión de tu destino eterno?

Si estás preparado para el regreso de Jesús, ¿qué haces para compartir el evangelio con aquellos que no lo conocen? ¿Cómo ayudas a dar las Buenas Noticias a las personas en tu comunidad y alrededor del mundo? Cuando Jesús ascendió al cielo, los discípulos se quedaron mirando al cielo. Dos ángeles se les aparecieron y les dijeron: «Varones galileos, ¿por qué estáis mirando al cielo?» (Hechos 1:11). Jesús les había dado instrucciones justo antes de dejarlos: Debían esperar en Jerusalén la venida del Espíritu Santo; luego deberían ser sus testigos «en Jerusalén, en toda Judea, en Samaria, y hasta lo último de la tierra» (v. 8). Me temo que demasiadas veces nos quedamos con los ojos puestos en el cielo, y olvidamos la misión: llevar el evangelio a todos en el mundo.

FAROS EN LA NIEVE

Un grupo de personas de nuestra iglesia ha adoptado a algunos de los sin hogar en nuestra ciudad: gente que viven todo el año debajo de los puentes en el centro de la ciudad. Este grupo lleva una comida caliente a esas personas sin hogar cada tarde y les proveen de artículos necesarios cuando se los piden. La gente de la iglesia sencillamente los ama y han cultivado una relación con ellos.

Fui con uno de ellos a visitar a un hombre al que llamaremos Fred. Era en medio del invierno, la nieve se arremolinaba debido al viento, y el factor de frío era de 30 grados bajo cero. Conducimos hasta el centro. Anduvimos por un camino solitario hasta el puente. En el centro del puente había una caja de cartón cubierta de un montón de mantas. Fred no quería comer la comida caliente en su caja. «Atrae a los ratones y a las ratas», dijo. Así que volvimos al auto y nos sentamos con Fred mientras éste tomaba su comida.

Fred había estado viviendo bajo el puente durante más de tres años. Era un hombre despejado e inteligente. Era un artesano diestro, pero había decidido vivir en aquella caja de cartón. Lo llamaba su piso. «Grandes ventajas,» decía. «Ni facturas de calefacción ni de luz, y la Agencia Tributaria no sabe dónde encontrarme.» Disfruté conversando con él. Cuando hubo terminado de comer, Fred se volvió por el camino y a la oscuridad de aquella noche de invierno.

Estaba nevando mientras volvíamos a casa. Me di cuenta de un fenómeno insólito, que nunca había visto. La manera en que la nieve descendía hacía que los faros proyectasen su luz hacia el cielo. Las luces de la calle, los faros de los autos, todo ello señalaba hacia arriba. El cielo estaba lleno de luces que señalaban hacia arriba.

Esta escena es realmente una ilustración de cómo muchos de nosotros vivimos. Seguimos señalando al cielo con nuestras luces, esperando la venida de Jesucristo. Esto es importante. Pero debajo de los puentes de cruzamos y todo a nuestro alrededor hay personas que necesitan ser iluminadas por las luces que llevamos. Tenemos que seguir esperando la venida de Jesús, pero nunca debemos olvidar que tenemos encomendadas unas responsabilidades hasta que Él venga. Esparzamos la luz alrededor.

NOTAS

1. Algunos eruditos bíblicos creen que estos paralelismos sólo son de aplicación a los que vivan durante la tribulación y la edad del reino, y que por ello no nos conciernen en la actualidad. Tanto si esto es cierto como si no, creo que la enseñanza fundamental es muy aplicable para nosotros mientras esperamos la venida de Jesucristo.